JN245333

持続的な学びのための
大学授業の理論と実践

安藤輝次

関西大学出版部

【本書は関西大学研究成果出版補助金規程による刊行】

はじめに

ここ十数年来、わが国の大学の教室では、固定机が少なくなり、可動式の机が増えてきた。これは、大学が教育実践を重視している証拠である。机が固定されれば、教師は、学生と対面し、講義式の授業にならざるを得ない。しかし、可動式の机になれば、隣の机を並べて、ペアでの学びもできれば、小集団にもなれる。もちろん教師が説明中心の授業にしたければ、教卓に正対して机を並べるように指示すればよい。このように授業目的によって多様な学習形態を使い分ければ、学生参加を促すこともできる。

しかし、机を可動式にすれば、大学教師の授業が参加型の授業になるとは限らない。教師自身が教えたい事柄を決めて、講義をすれば、恐らく終了時間の前後で終わることもできよう。しかし、学生は、教師が説明した事柄を十分に学んでいるわけではない。とすれば、教師と学生のどちらが悪いのだろうか？

この問いに対して、一概に答えを見出すのは難しい。しかし、今日では、高校卒業生の半数以上が大学に入学するという現実を踏まえると、大学教師は、学生をいかに学ぶようにするのかという"学びに寄り添った姿勢"が必要になる。

しかも、グローバル経済が進展し、人工知能時代の到来を見据えれば、ペーパーテストで測れる程度の低次の知識や技能を教えることだけでは不十分である。物事を関連付けたり、結論を引き出したり、論拠を強固にしたりするような"深い学び"に至る授業実践が求められているのである。そのような学生の学びの出来・不出来を見極め、不出来をできるようにする手立てを講じたり、見通しを持たせなければならない。このような"フィードバック的な学び"ができれば、卒業後も"持続的な学び"に繋がっていくのである。

本書では、その手がかりをアメリカの小規模の私立女子大学のアルバーノ大学や大規模の研究大学である香港大学の実践から学び取り、私自身が勤務する大学において、わが国の文化や風土を押さえながら、授業実践を行い、その過程を綴り、成果と課題を記している。章立ては、第1章から第5章までは欧米や香港の理論や実践の紹介であり、第6章から第9章までは私自身の授業実践である。各章の概要については、次の通りである。

第1章では、アルバーノ大学の一般教育カリキュラム改革について紹介している。この大学は、文部科学省でも「能力に基づくカリキュラム」を長年実践してきた優良大学として紹介されているが、私は、文献読破だけでなく、5回に及ぶ訪問を踏まえて論述した。そして、第2章において、アルバーノ大学の教員養成カリキュラムを取り上げた。この大学では、一般教育だけでなく専門教育でも能力をレベルに分けて、ルーブリックに記し、学生の達成基準を明確化している。ここでのポイントは、ルーブリックを成績評価のためだけでなく、学びの途上でも出来・不出来を評価して、次の学びを展望させるために活用していることである。

第3章は、初等中等学校の取組も含めて、ルーブリックの学習促進機能について論じた。このような使い方をすれば、出来・不出来を確認し、次の学びを生み出すという形成的アセスメント又は学習のための評価に繋がり、教師や学生同士の優れた相互評価を介した自己評価もできるようになろう。

第4章は、オーストラリアの大学教育研究者のボウド（Boud, D.）が提唱した持続可能な評価の考え方を纏め、それを発展・継承した香港大学のカーレス（Carless, D.）の学習中心評価モデルを紹介した。その鍵は、教師が学習課題を与えて、学生が評価知見を持って、学生同士で学びのフィードバックをすることである。そして、第5章において、カーレスのフィードバックの実践的研究の歩みを整理した。

さて、これらの先行研究に学びつつ、第6章では、文章表現のルーブリックを使った初年次の学生におけるレポート指導の成果と課題を明らかにした。ここでのポイントは、ルーブリックによって自分の中間レポートの出来・不出来を省察しながら、期末レポートでバージョンアップさせることである。そして、第7章では、2年生が同じ文章表現のルーブリックを使って、「教師中心か子ども中心か」という教育の普遍的問題を具体的な学校実践に即して中間と期末の両レポートを書き、その授業上の成果と課題を明らかにした。

第８章は、教育実習生やスクールボランティアの失敗事例をインターネットの掲示板に掲載し、受講生がその事例の「何が問題で、いかに解決するのか」を投稿し、大学の授業では、投稿内容を参考にしながら、問題と解決策を練り上げる実践を綴った。このような“失敗に学ぶ”経験は、実習不安を軽減し、教職に就いても前向きに解決する構えを養ってくれるのではないだろうか。

そして、第９章では、過去の各種のレポートの具体例をインターネット上に掲載し、それが文章表現のルーブリックのどのレベルに当たるのかということを授業外で自主的に学習させて、レポートづくりに繋げていった実践の報告である。インターネットでいかにルーブリックを習得させるのかということは、欧米でも主要な研究課題となっており、そのための一つの解決策を示した。実践として取り上げた１年次生と２年次生における唯一の正解を求める学生とそうでない学生の違いについても明らかにしている。

今回紹介した授業実践について、ある程度は優れた結果を得ることができたと思う。それは、欧米や香港の大学教育の理論と実践に学んでいるが、わが国の文化的背景を背負った学生たちの学びに寄り添った結果ではないかと考えている。しかし、学生中心カリキュラムの授業実践は、緒についたばかりである。賢明なる読者諸氏のご批判ご批正をお願いしたい。

2018年１月９日

安藤 輝次

目 次

はじめに …… i

第１章 アルバーノ大学の一般教育カリキュラムの改革 …… 1
1. アルバーノ大学におけるカリキュラム改革の着手 …… 3
2. 能力に基づく学習結果重視のカリキュラム …… 7
3. 全学的なバックアップ体制の確立のために …… 20
4. わが国の大学カリキュラム改革への示唆 …… 25

第２章 アルバーノ大学の教員養成カリキュラム …… 29
1. 教育に関する想定と持続的な学習のモデル …… 30
2. 相互作用を重視したカリキュラム観 …… 33
3. 小学校教員養成カリキュラム …… 38
4. ポートフォリオによる理論と実践の融合 …… 44
5. わが国の教員養成カリキュラム改革への示唆 …… 50

第３章 ルーブリックの学習促進機能 …… 53
1. ルーブリックとは何か …… 55
2. 大学における学習結果とルーブリック …… 59
3. 形成的アセスメント（FA）から学習のための
アセスメント（AfL）へ …… 62
4. ATI の７方略 …… 64
5. 優れた相互評価を介した自己評価 …… 68
6. 学習者が活用できるルーブリックを …… 72

第４章 持続可能な評価の方法論 …… 77
1. 学習中心評価として継承 …… 82
2. 学習中心評価の方法論 …… 87
3. わが国における大学教育実践への示唆 …… 93

第５章　持続可能なフィードバックの方法 …… 97
1. サドラーのフィードバック観に依拠した研究 …… 98
2. 学生主体のフィードバック研究 …… 102
3. 伝達型から構成型へ移行させる手立て …… 107

第６章　ルーブリックを活用した初年次のレポート指導 …… 115
1. 「知へのパスポート」の授業展開 …… 116
2. 授業において重視した教育方法 …… 118
3. 結果と考察 …… 121

第７章　ルーブリックによる文章表現の評価学習法 …… 125
1. はじめに …… 125
2. 「初等教育学専修ゼミ 1」の授業展開 …… 126
3. 本実践の結果 …… 134
4. 文章表現のルーブリックの一般化に向けて …… 140

第８章　掲示板を活用した学生による評価と学びの連動 …… 143
1. はじめに …… 143
2. 「初等教育学専修ゼミ 3」の授業展開 …… 144
3. 結果と考察 …… 157
4. スマホ世代のレディネスを見据えて …… 161

第９章　インターネットによるルーブリック導入法 …… 165
1. ポートフォリオの代用としてのノートづくり …… 166
2. インターネットによるルーブリックの自学 …… 169
3. 結果と考察 …… 173
4. 成果と課題 …… 177

おわりに …… 179

第1章 アルバーノ大学の一般教育カリキュラムの改革

アメリカでは、学校改革について「10%解決法（Ten Percent Solution）」を適用するのが効果的であるとみなされている。これは、2003年4月にハーバード大学で開かれたプロジェクト・ゼロのワークショップで講師のブリス（Blythe, T.）が言った言葉であるが、学校改革を行うにあたって、いきなり大胆な構想を示して、急激に改革を進めるのでは失敗すると言う。そうではなくて、1年目は、学校でどのような問題があるのかということを全般的に見渡して、解決できそうな問題を見極めて少しずつその学校が直面する諸問題の10%だけを解決し、2年目にはさらに新たな問題に絞って、毎年10%ずつ解決するように進めていくと、3年目には17%が変化し、7年目になると52%、つまり、それまでの学校の在り方の半分以上が改革され、10年目では65%まで改革が進むということである。その話を聞いて、ワークショップに参加していた10名ほどのアメリカの教師たちは、「なるほど…」と納得し、賛意を表す意見が多数出された。

確かに、アメリカだけでなくわが国においても、学校改革は、“笛吹けども、踊らず”の状況で、文部科学省や教育委員会、そして、特定の校長や教師がいくら声高に叫び、奮闘しても、なかなか改革を広範かつ継続的に推進していくことが難しい。だから、10%ずつ着実に改革していくほうがうまくいくと考える向きもあろう。「10%解決法」という考え方は、小・中学校や高校よりむしろ2004年度からの独立行政法人化に代表されるように、大幅な改革が意図され、急速に導入されている国立大学のほうがより切実で適切な方策かもしれないと思う人も多いであろう。

1970年代以降、学生の自己評価を中心に一般教育から教員養成教育までのカリキュラム改革を進めてきて、今やその名はつとに知られ、全米だけでなく世界各国から年間200を越える大学から約700名以上が訪問するというアメリカ合衆国ウイスコンシン州ミルウォーキー市のアルバーノ大学を訪問した際にも、“教育研究評価室（Educational Research and Evaluation）”の上級研究員のロジャース（Rogers, R.）から「全員が合意して徐々に進めないと駄目」という忠告を受けた。

アルバーノ大学（Alverno College）は、教育学科と看護学科を中心としたカトリック系の私立単科大学であり、パフォーマンス評価を導入したパイオニアとして広く知られているが、2005年9月現在、学生数2372名（学部生2176名、院生196名）、常勤教員数104名で、授業科目の受講生も平均20～25名であり、筆者がかつて勤務した奈良教育大学と規模的には類似している。

ところが、アルバーノ大学の教員の話を聞き、関係資料を読み進めていくうちに、この大学は必ずしも機械的に「10%解決法」を適用して成功した訳ではないと思うようになった。ロジャースの忠告は心に留めておくべきであろうが、アルバーノ大学の一般教育のカリキュラム改革を進める過程では、様々なリーダーシップが発揮され、教員同士の創意工夫の試みがあり、今日の高い評価に繋がっているように思う。

本章では、これまで収集し、インタビューした資料を基に、アルバーノ大学の一般教育カリキュラムの改革について、次の4つの問題に焦点化しながら、論述を進めていきたい。

なぜアルバーノ大学は一般教育カリキュラムの改革を行おうとしたのか？

一般教育カリキュラムについてどのような改革をしたのか？

一般教育カリキュラム改革は大学にどのような影響をもたらしたのか？

一般教育カリキュラム改革によってどのような成果が生まれているのか？

それぞれの問いが以下の各節に対応しているが、これらの問題を明らかにした後、本章の最後に、小規模大学の教員養成学部や教育学科において学ぶべき点は何かということについて明らかにしたい。

1. アルバーノ大学におけるカリキュラム改革の着手

1977年以来、アルバーノ大学では『学習と評価についての教員ハンドブック』を出版し、2001年版までに計7回の改訂を重ねているが、教員は、このハンドブックを読むことによって大学で教育をする上で最低限は共通に身に付けるべき事柄についての理解を図るようにしている。そのような主旨で1977年にハンドブックが作成され、教員に必携とされたということは、1977年頃に今日に至るアルバーノ大学のおおよその枠組みができあがったということを示唆している。

このハンドブックには、アルバーノ大学の歴史と役割について述べたリード（Read, S.J.）とシャーキイ（Sharkey, S.R.）共著の1985年の論文『アルバーノ大学：学習コミュニティに向けて』が掲載されており、一般教育カリキュラム改革について、第1期（探求と機会：1969年～1971年）、第2期（新しいカリキュラム・アプローチ：1971年～1973年）、第3期（変化と努力の年月：1973年～1977年）、第4期（解明と洗練：1978年～1985年）に分けて論じているが、なぜアルバーノ大学がカリキュラム改革をしようということになり、どこから着手し始めたのかということについて第1期を中心に要約すると、次のようになる（Read and Sharkey, 1985, pp.3-4）。

> 1950年代初め、アルバーノ大学は、フランシスコ会の修道女が教育、音楽、看護学について地域で奉仕をするための3つの養成校が統合されて、リベラル・アーツの単科女子大学として出発したが、1968年には正規学生が約1500名にまで達し、それとともにカトリックの宗教色が薄れて、大学創立時の教育理念が揺らぐようになった。それで、理事会は、リードを新学長に選出し、新たな大学のアイデンティティを確立す

るように求めた。

当時、大学内外においても、変化を促すような状況があった。学内では、1960年代初めから女性解放運動に係ってきた教員が数人おり、そのような分野の授業を開講して欲しいという学生が多かった。人口100万を越えるミルウォーキー都市圏には3つの女子単科大学があって、アルバーノ大学は、他大学との違いも明確ではなく、地域の高校卒業生の優先入学制度もなかったので、地域外からの入学生が増えつつあった。

そのような大学内外の状況で、アルバーノ大学は、1969年に「自己評価とリニューアル」と題して教員と学生が討論して、平信徒の教員でもシスターの教員でも一般教育なら係ることができるという合意が生まれ、1970年に教職員研修所（Faculty Institute）を開設して、学内外から講師を招いて、教員研修を行うようになった。

このように、アルバーノ大学は、大学内外の社会変化を見据えて、女子大学ということは守りながらも、特に一般教育のカリキュラム改革に取り組むようになった。そして、1970年－1971年度始めに、リード学長は、(1) あなたは、大学のカリキュラムにおける自分の授業科目の有効性に関して、どのような問題があると思いますか、(2) その疑問について、あなたの所属学科はどのような立場を取っていますか、(3) あなたの一般教育や専門教育の授業では、これらの疑問をどのように扱っていますか、(4) 学生があなたの授業で合格が難しいとか、重要な指導とはどのようなものですか、という問いを教員に投げかけて、全学的な改革気運を盛り上げようとした（Alverno College Faculty, 2005, p.vi）。

そして、教員たちはこれらの問いに答えるための会議を定期的に開き、互いの学科の説明を聞き、学部教育にどのような貢献をするのかということを探った結果、学生は、教員に教えられて学ぶのではなく、学生が大学で学んだ結果を後の人生にどのように生かせるのかということが重要であるという合意が少しずつ得られるようになり、「よりよい一般教育について観察可能で具体的な結果とは何か」「一般教育と専門教育の関連はどうあるべきか」

「教員は、これらの結果を生み出すために、どのように教えるのか」ということを全学的に問いかけるようになり、年度末には一般教育の目標であり、同時に学習結果とみなされるものとして、(a)コミュニケーション、(b)価値判断、(c)問題解決、(d)関与というコンピテンス（competence）に集約した（Read and Sharkey, 1985, p.5）。

そして、第２期として位置づけられる1971年－1972年度は、「学生は、教師にとっての学習データとして捉えるのではなく、学生が自分の生活について意思決定するための情報の使用者」として定義することで全学的な合意を得た後（Read and Sharkey, 1985, p.203）、これらのコンピテンスは、能力（ability）と言い換えられ、Ⓐコミュニケーション、Ⓑ分析、Ⓒ問題解決、Ⓓ意思決定における価値判断、Ⓔ社会相互作用、Ⓕグローバルな視野の発達、Ⓖ有能な市民性、Ⓗ美的な関わり、の８つの能力に拡大されることとなった。"能力"は、課題解決のための能力や技術を意味する"コンピテンス"よりむしろ動機付け、傾性、態度、価値、方略、概念と手順の知識などを含むより包括的な概念であり、一般の人にも理解されやすいと考えたからである（Mentkowski et al., 2000, p.5）。

しかし、1969年のコンピテンスの提唱後、アルバーノ大学の教員にとって「直ぐに明らかになったのは、学習結果の明確化は、始まりに過ぎなかったということ」である（Alverno College Faculty, 2005, p.vii）。例えば、"コミュニケーション"をゴールにすると言っても、特定の授業で教師がコミュニケーションについて学生に教えれば事足れりではない。学生は、教師から教えてもらって、実際にコミュニケーションできるかどうか、ということが問われるからである。学生は、"知っている"だけでは駄目で、知っていることを"できる"必要があるからである。能力発達は、知識とも密接不離だからである。つまり、アルバーノ大学の教員は、旧来からの指導の意味を問い直し、理論と応用の結合をさせる新たなカリキュラムづくりをしなければならなくなった。

それで1969年－1970年度の一般教育のカリキュラムにおいて最初に取り

組んだのは、英語学科の教員が「作文」を必修の授業で教えてきたが、他学科の授業でも学生に文章を書かせることもあるので、そのような授業を教える教員たちと連絡を取り合って、学生に3種類のレポート提出を必須とするという全学的な合意の上で、双方の授業を実施した（Read and Sharkey, 1985, pp.200-201）。さらに、学外の様々な職場でインターンシップをする授業科目を設けて、大学で座学的に学んだ事柄を実地に確かめたり、深めて学べるような機会を設けて、知ることとできることとの結合を図ろうとした。

ロジャーによれば、アルバーノ大学は、経営陣が強力なリーダーシップを発揮して上意下達式にトップダウンで改革したものではないと言う。確かに、一般教育のカリキュラム改革に着手する際にも、学科内や学科相互で教員が議論を何度も重ね、オープンにコミュニケーションを図ることによって学内統一を図っていったことは間違いない。しかし、そのような議論を引き出す最初の契機は、リード学長が（1）から（4）までの問題を全教員に向けて提起したからであり、一人ひとりの教員は、それぞれの問いを自らに問いかけることを通して、また、学科単位での相互交流を繰り返すことによって、自分自身あるいは学科の強みと弱みを自覚するようになったのである。学長は、適切な時期に全教員に向けて問いかけの形で大学が将来進むべき道の方向付けをしたという点を指摘しておきたい。

また、第2期の最終年である1973年でも、学習結果からなるカリキュラムを学生に適用すれば絶対うまくいくという8つの能力に関する準備が整っていたわけではなかった。とは言え、リード学長のリーダーシップによって財団等から支援を得て“評価センター（assessment center）”を開設して各分野の専門職100名以上からなる外部の評価ボランティアも組織化して、在学生だけでなく卒業生も巻き込んだ評価体制を創り、4人の教員の授業負担を2分の1に減らして、中核的な仕事をさせて、この年度から学習結果に基づくカリキュラムの実施を決定したが、「本当に万全な準備ができるまで待とうとするなら、今現在でもこのカリキュラムを完成させるために準備中ということになったであろう」と振り返っている（Read and Sharkey, 1985, p.205)。このような施策においても学長のリーダーシップが発揮されたのである。

そして、一人ひとりの教員は、何を教えたかではなく学生が何を学んだのかという結果の重要性を認め、学生の学習結果から自分たちが教えている一般教育の授業の目標・内容・方法を振り返るという一種の逆向きデザインの方法を用いるようになった。当時、このような方法を採用したカリキュラムの専門家は誰もいなかったので、アルバーノ大学の教員は、自らが実験台となって、自らの教育実践を創意工夫しながら繰り返し行って、それを省察する過程で独自の理論化を図っていったのである。

2. 能力に基づく学習結果重視のカリキュラム

1) 学習中心の考え方の導入

"変化と努力の年月"と特徴付けられた第3期(1973年－1977年)において、「能力に基づく一般教育のカリキュラムをどのように学生に伝えることができるか」ということが主な課題となり、「立証可能な相互責任と明示性と説明責任」が大学で重視され、"解明と洗練"の時代とされる第4期(1978年－1985年)では、専門教育のカリキュラム改革に着手し、意図したカリキュラムと実際の指導とをモニタリングして、その異同について原因を究明しながら、いかに収集したデータをカリキュラム改革に結びつけるのか、いかに学習結果アプローチを教員に周知徹底できるか、ということを課題として、教員の授業だけでなく毎年1月、5月、8月に全学教員が集ってワークショップに参加したり、講演を聴いて教員研修を重ねていった(Read and Sharkey, 1985, pp.206-210)。

このような経緯を経て今日のアルバーノ大学の一般教育カリキュラムができあがったのであるが、その根底には、表1－1に示すような大学卒業後も持続する学習に関する教育の想定、学習枠組みとして組織された教育プログラム、学習について研究すべき事柄がある(Mentkowski et al., 2000, pp.54-

表 1－1　教育に関する想定、指導計画、学習研究の関連

	改革前で、現在のように学生の役割を拡大する前の想定	アルバーノ大学のカリキュラム改革の根底にある教育的想定
(a)	教育は、主要には情報を理解する問題あるいは新しい知識を構成する問題である。つまり、学生は、最初に知り、次に行うようになる。	教育は、人が知っていることを越えて出来るようになることである。
(b)	教育者は、主に学生を新しい観念に触れさせたり、指導をする責任がある。	教育者は、期待される学習結果を明確にし、それを公にすることによって学習を学生にいっそう利用可能にする責任がある。
(c)	専門的な内容について学習し、学問や専門職の専門的意見を述べることは、発達させられた能力を確かなものにする。	能力と学問（discipline）は、学習のために統合された枠組みである。
(d)	教師は、内容基準（standards）の資格付与や、その後の効果を予想するため、学生の課業work をテストして成績をつける。教員の判断は、学生の改善にとって十分である。	評価が学習を統合する。
(e)	教育は、知的能力を主として発達させなければならない。	教育は、その人の全体（マインド、ハート、スピリット）を発達させなければならない。
(f)	学生は、教員が教えて評価する中で学ぶ。どの学生も、動機付け、学び方、個人的発達において似ている。	教育者は、学生が多様な仕方と文脈で自分たちの学びを発達させ、評価する複数の機会を提供するという責任がある。
(g)	学生は、教員が教えた事柄を学ばなければならない。	能力は、現代生活で必要な事柄との関連で注意深く確認されなければならない。
(h)	学生は、大学に入学するまでに彼らの価値の枠組みを発達させてきた。リベラル・アーツとか専門職における学生の研究的学びは、個人的専門的な責任に繋がる。	教育者は、学生がリベラル・アーツ、専門職、教育と彼ら自身の価値の枠組みを統合する機会を与えるという責任がある。
(i)	指導のゴールは、学生に学ぶべき事柄を示すことである。	指導のゴールは、学生の学びである。
(j)	教育者が学ぶのは、指導、学習、評価における探究のゴールである。	教育者と学生は、指導、学習、評価における探究のゴールを学ぶ。
(k)	カリキュラムは、学生が内容基準についてのレベル分けにそった単位と等級（優良可など）を達成したところの多様な見方を最大限にした授業科目の集まりである。	カリキュラムは、多様性内での凝集を最大限にする。それは、一人ひとりの学生の発達を最大限にし、一人ひとりの学生に基準を満たすことを求める。カリキュラム開発では、学習と判断のコミュニティにおいて教育者が投資することを求める。
(l)	高等教育のゴールは、指導と研究とサービスである。教員が独立してこれらの活動を実行する時、その大学に対する自分の責任を果たすことである。	学習コミュニティのゴールは、絶えず学習し、不断に改善して、変容することである。個人は、一人で、また相互依存した仕方で行為する。

学習の枠組みとして 組織された教育計画	**学習に関して研究 しなければならない事柄**
学習経験は、学習の枠組みとして組織される。	大学在学中と卒業後の学習と発達とパフォーマンスを研究する。統合的な探究方法を伴った個人的、専門的、市民的な生活の統合的な形態を研究する。
能力に基づく学習は、学生の学習結果に焦点化している。	カリキュラム、学習者の経験、以前の学習における進歩に関連した学習結果を研究する。
学習は、専門職へのリベラルアーツ的なアプローチにおいて統合される。	一般教育と専門教育の文脈における学生の学習の結果を研究する。
学生の評価は、一人ひとりの学生による学習の枠組みである。	自己省察と自己評価を研究する。
学び方、成熟、奉仕のために教育することは、大学での経験を統合する学習のための枠組みである。	学習コミュニティ内での成長を研究する。
複数で多様な学習と評価の方略及び環境は、学生の学びの仕方を拡大し、個人差を尊重し、かつ対応させる。	独立した、自立的で、目的的な学習に役立つことを研究する。 社会的に構成され、協働的な学習を研究する。個人差、教育経験、学習結果の間の相互作用を研究する。
発達的パフォーマンスの評価規準にそって定義された能力は、パフォーマンス基準（standards）を反映している。	パフォーマンスから推量された能力の絶えざる発達を研究する。
	カリキュラムと大学文化との関連でどんな時代でも通用する学習結果を研究する。
	教育者の役割について変化した見方を研究する。
	学生の学習との関連で教育者の学習を研究する。
	卒業のために必須の又は必須ではなくとも期待されるような、多様で統合的な学習結果との関連においてカリキュラムの諸要素を研究する。
	変容の行いに対する大学の制度上の結びつきと決定を研究する。

56)。なお、一番左の欄に記しているのは、そのような想定をしていない従前からあった暗黙の教育観、つまり、大学の教師による教育が学生による学習と同じであると捉える改革前の考え方である。カリキュラム改革前では、(g) 教師は、自分が知っている事柄を学生に知らしめて、(a) 学生はそれを理解すれば、できるようになると想定し、したがって、(e) 知的能力の発達にのみ関心を持って、(i) 何を学ばせるかを絞ることを自らのゴールとし、(d) (k) 学生の学びの評価主体となり、(l) それらの仕事を果たすことが大学人としての責任であると考えるのである。

それとは対照的に、アルバーノ大学では、「教育と学習は、同じではない。教育は、学習より狭い」として教育と学習を峻別し、歴史的社会的文脈が認識に大きく影響しており、「意味は、文脈を抜きにして発達させられない」という構成主義の立場に立って (Mentkowski et al., 2000, pp.52-53)、(b) (j) 学生だけでなく教師も含めた教育的想定を公表し、それに基づいて教育計画を立てて、実践を介して洗練していき、学習に関する研究を進めてきたのであって、具体的には、次のように特徴付けることができよう。

第一に、アルバーノ大学の一般教育だけでなく専門教育のカリキュラムは、1980年の教員研修から講演やワークショップを通して学内で浸透していったと言われるように (Read and Sharkey, 1985, p.210)、ペリー (Perry, W.G.) の大学生の認識発達論とコルブ (Kolb, D.A.) の成人の生涯教育における経験学習論の影響を色濃く受けているということである。

ペリーが唱えた大学生の認識発達論は、(e) の想定に示すように、知的側面に限定することなく、その人を全体的に発達させることを願い、「二元論」や「複数性」や「文脈的相対主義」を克服して、もっとも重要視する「コミットを伴う相対主義」の認識論に立脚するが、それは (k) の想定に示すような「学習と判断のコミュニティ」の意義深さや、教育計画においては (f) の複数の学びを拡大する必要性を述べた点に見出すことができる。そして、学習は累積的であって、最終的には学生自身に帰結し、責任を持たざるをえないというペリーの考え方にも影響を受けていると言う (Alverno

Educators, 2001, p.4)。

コルブの経験学習論は、①具体的経験、②観察と省察、③抽象的概念の形成、④新しい状況での検証という４つの要素をサイクルのように循環するとみなすモデルとしてつとに有名であるが、表１−１に即して言えば、その考え方は、アルバーノ大学の想定の (a) (f) (l)、教育計画の (f) などから窺い知ることができる。事実、アルバーノ大学では、『経験学習を介した職能開発の促進』という図書を出版していることから分かるように、講義一辺倒の授業はほとんど行わず、インターンシップやフィールドワークやサービス・ラーニングを通じてパフォーマンスをさせるだけでなく省察を繰り返しさせて、経験の意義深さを捉えさせようとしている (Alverno College Experiential Learning Committee, 2002, p.3)。また、アルバーノ大学では、学生によって①から④のいずれも均等に得意ではなく、学習スタイルに強みや弱みがあることを自覚させるために、コルブが言ったように、『学習者としての学生向け質問紙調査』を年度初めに学生に行って、大学カリキュラムの効果を探るだけでなく学生自身の自己評価にも役立てている。

第二に、カリキュラム改革の当初は、学生による学びの「統合」という側面を軽視していたが、実践を進めるにつれて、「統合」の必要性を痛感し、評価規準も入れるようになったと言う (Mentkowski et al., 2000, p.61)。教師が何を教えるのかという伝統的な教育観とは違い、学生が何を学んだのかという学習中心の教育観に基づくとはいえ、単に経験させるだけでは抽象化できない。そこで必要なのが座学や経験学習の多様な学びの統合であり、的確な自己評価をさせるために評価規準が必要であるということである。

最後に、表１−１の右側の「学習に関して研究しなければならない」欄に示すように、アルバーノ大学のカリキュラムは、(a) 大学在学中だけでなく卒業後においても持続的な学びを続けるという長期的な視野を持っており、(h) その過程で自己省察や自己評価をさせ、どんな時代でも通用する学習結果とは何かということを明らかにし、(f) その学習結果を生み出すために、学生の個人差や教育経験との相互作用関係も研究し、最終的には、持続的学習と大学という制度との係り方にまで目を向け、大学改革を促そうという姿勢が見られるということである。

2）カリキュラムにおける能力の位置づけ方

アルバーノ大学の『昼間学部生用便覧2004 - 2006年』によれば、1970年代初めに能力に基づくカリキュラムを計画した際にまず考えたのは、学生が大学卒業後に次のような問題に直面するであろうという問いを設定することであったと言う（3頁）。

・どうすれば彼らはキャリアで成功できるだろうか。
・彼らの生涯を最も豊かにするのはどんな洞察力だろうか。
・どんな能力があれば、彼らの家庭、家族、地域において永続するような違いが生まれるのだろうか。
・どのような能力を身につければ、彼らは、素早く変化する世界に適応し、成長できるような独立した学習者となり続けることができるだろうか。

当時、アルバーノ大学の教員たちは、これらの問いを互いに共有して、その答えを追求する過程で、「内容を抜きにしたコンピテンス（後の「能力」）の指導は間違っている」ことに気づき、知識と能力が指導の双子のゴールであるとみなすようになり、能力を易から難へと発展的に示すことで異なるレベルにおける大学生の学習に対する期待を差別化して示す必要があると考えた。そして、教員は、自らが専門とする学問によって分けられた学科（Department）に属するだけでなく、例えば、「作文」を通して英語学科と他学科の教員が連携したように、授業によって育成しようとする能力ごとに協働するための学科を作るようになった（Alverno College Faculty, 2005, p.vii）。

ところで、現在、アルバーノ大学では、能力を知識、技能、価値、態度、動機付け、傾性、自覚に“統合された”ものであり、発達レベルに分けて教えることができるとみなして“発展的”であり、生活の多くの場面や役割において遂行する際に“転移可能”であると定義し（Alverno College

Faculty, 1994, p.9)、例えば、コミュニケーションという能力の場合、次のようにレベル分けをしている（Alverno College Faculty, 2005, p.13)。

【初級レベル】 自己評価によって、コミュニケーションのパフォーマンスを確認し、評価する。

レベル１：異なるコミュニケーション様式で自分の強みと弱みに気付く。

レベル２：それぞれのコミュニケーション様式の過程とそれら相互の作用に気付く。

【中級レベル】 学問の概念と枠組みを使ってコミュニケーションして、理解を深める。

レベル３：異なる学問の文脈から意味を取り出すために目的をもってコミュニケーションをする。

レベル４：異なるコミュニケーションの様式を結びつけ、それらを一つの学問の枠組み内でうまく統合する。

【専門領域に進んだ高等レベル】 創造的、活動的なプレゼンテーションで行うパフォーマンスは、その場に合っており、明確である。

レベル５：学問や専門の枠組みや理論との関連でコミュニケーションの方法を選び、うまく適合させて、組み合わせている。

レベル６：その学問や専門に関する方略、理論、テクノロジーを使っている。

８つの能力のすべてにおいて、このような６段階のレベル分けがなされており、学生にも公表されている。そして、学生は、学期始めの授業を履修する際に、８つの能力の幾つかをより高いレベルまでに進めるという「契約」を教師と結ぶ。例えば、レベル１は、表１−２に示すように（Loacker et al., 1985, p.31)、自分のコミュニケーションを自己評価して、強みや弱みに気付くこととしているが、評価センターに出かけて、一日かけて書き方、話し方、メディアの利用、読み方、聞き方、量的思考、コンピュータの使用などがどの程度できているのかというサンプルを作成し、学期最初の授業で担当教員に提出する。そこでは、レベル１の学生もいれば、レベル３の学生もいるだろうが、特定の授業科目を受講した学生は、自分自身のコミュニケー

表１−２　一般教育におけるコミュニケーション能力の取り扱い

レ ベ ル	評　　価	学　　習
レベル 1： 自己評価する 書き方 話し方 メディアの使用 読み方 聞き方 量的思考 コンピュータ使用 について自己評価をする	評価センターにおいて何か一つパフォーマンスをする。 ・学生が次のサンプルを作る 書き方 話し方 メディア使用 読み方 聞き方 量的思考 コンピュータ使用 ・詳細な評価規準を使って自己評価する。 ←→	コミュニケーション能力の自己評価についての講義と演示 様々なフィードバックをする時間
レベル 2：過程を意識して分析してコミュニケーションをする	書き方、話し方、量的思考：導入的な書き方、話し方、メディア使用、量的思考の授業科目における事中のパフォーマンス ←→ 読み方、聞き方、コンピュータ使用：導入的な学問の授業科目における事中評価	書き方、話し方、メディア使用、量的思考：書き方、話し方、量的思考における一つの学期の授業科目であって、それぞれは、レベルの達成まで続けられる。 読み方、聞き方、コンピュータ使用：導入的な学問の授業科目
レベル 3： 書き方 話し方 メディア使用 読み方 聞き方 量的思考 コンピュータ使用 （過程の効的な統制）	特定の学問の授業科目における事中のパフォーマンス：書き方、話し方、メディア使用、コンピュータ使用、：教師と学生が共同で評価する ←→ 読み方、聞き方、読み方、メディア：評価センターにおけるパフォーマンス	高等コミュニケーション実験所が学問の授業科目における事中のパフォーマンスを補足する
レベル 4： 学問の枠組み内でコミュニケーションが効果的になるように統合をする	多様な学問の授業科目における事中パフォーマンス ←→ コミュニケーション評価者と授業担当者が共同して、複数のコミュニケーションを使った結果を評価する	高等コミュニケーション実験所は、要請があれば、[内容]に係る授業科目における事中のパフォーマンスを補足する

ションのレベルを確認した後、その授業を通してより高いレベルに挑戦したいと教師に申告して、その旨を記した契約をする。その意味では、教師は、個に応じた指導をしているのである。

学生は、学部卒業のためには、一般教育の授業科目（最低履修条件32単位）を受講する中で8つすべての能力においてレベル4まで到達しなければならない。加えて、主専攻と副専攻の授業科目に関しては、学科によって多少の違いはあるものの、基本的にはレベル5かレベル6までを達成することが求められているのである。要するに、表1－1に示した教育的想定に関連付けて言えば、「教育は、人が知っていることを越えて、できるようになることである」という（a）の想定がもっとも重要視されているということである。

3）評価と学びの連動

一般教育で重視すべき8つの能力を教師だけでなく学生にも示すようになると、教師は、表1－3のように（Loacker and Rogers, 2005, p.8)、担当する授業において学生に取り組んで欲しいパフォーマンスを明確にすることを迫られ、結局は、そのようなパフォーマンスをさせる学習課題を設定せざるを得なくなった。例えば、「あなたは1939年の合衆国の上院議員です。どうしてヨーロッパやアジアの様々な出来事が必然的にグローバルな紛争に合衆国を巻き込むようになるのかということを他の上院議員に説明する演説をしなさい。」というような学習課題を与える。

そして、授業では、学生は、スピーチや図式やノートなど多様な表現手段を介して自分の考えを他人にも見えるようにして、教師は、それらの学習物から学生の暗黙の前提や以前の学習を察し、思考と行為の独特なパターンも見出して、学生の学びを促進するために適時フィードバックするようになった。また、学生は、公表された評価規準にそって自らの学びのレベルを申告して、目標にしているので、絶えず自分自身の学びについて自己評価せざるを得ない（Loacker and Rogers, 2005, pp.14-15)。

このようにアルバーノ大学の一般教育カリキュラムは、教師が学生に“こ

表１−３　能力、学科の学習結果、授業科目、評価の関連

大学としての結果	歴史学科の主要な結果
■コミュニケーション ■分析 ■問題解決 ■意思決定における価値判断 ■社会相互作用 ■グローバルな視野の発達 ■有能な市民性 ■美的な関わり	■過去の人々の見方や行動に影響を及ぼしてきた文化的に根付く想定を確認し、自分自身の見方や行動に影響するものを確認する。 ■歴史家が過去のまとまった解釈を作り出すために使った理論、概念、想定を確認し、批評する。 ■研究のためのテーマに関する自分や他の歴史家の選択、これらのテーマへの理論的アプローチ、これらのテーマに関する解釈の根底にある価値と価値判断の方向付けの意味を確認し、分析し、伝える。 ■一人で理論と概念的な枠組みを使って歴史的現象に関する自分の解釈を組織化し、総合し、伝える。 ■多様な個人的専門的文脈において自分自身の過去の解釈を皆に説明し、擁護することによって、その解釈に対する責任を取る。

Gerogine Loacker, Glen Rogers, Assessment at Alverno College : Student, Program, Institutional,

のような指導をした”とか“あのような説明をした”ことを根拠に、自分の授業は十分であると言って済ますことはできない。教師があれこれ教えたが、学生が学んでいなければ、教師自身の授業の再検討を求められるのである。他方、学生も自分に力がつかなかったから、その責任はすべて教師にあるとも言えない。授業開始時点で伸ばしたい能力を契約して目的意識的に学び、評価規準を内面化させているからである。その意味では、教師と学生は相互依存の関係にある。

要するに、アルバーノ大学の一般教育の核になっているのは、図１−１の楕円で表されたように（Alverno College Faculty, 1994, p.13)、カリキュラムを統合する８つの能力であり、それに照準を合わせて実施される一つひと

歴史学の授業科目例 第６学期の授業科目「古代世界史」	授業科目の結果の評価例
学生は、次のことをする。 ■歴史の概念的枠組みを使って、文化的な想定、価値、実践の発展について独立した解釈をする。 ■解釈を下し、その解釈を決める際の根底にある価値を踏まえながら他人の解釈を評価する。 ■自分の歴史的理解を多様な発表相手に意義深いような用語や例を使って自分の歴史理論を翻案する。 ■文化に基づく想定の自己意識を高めようと計画された微妙なコミュニケーションを使って他人の批判的思考を高める。	学生は、他の歴史家が使った概念や理論を選んで、歴史的起源、基本的想定、文化的実践の基礎を説明し、この枠組みを使って、その説明力を検証する方法として新しい時代や地理的地域に応用する。 様式：授業の受講者に調査結果を口頭発表したものをビデオに録画すること、仲間の批評をすること、研究報告書を作ること、解釈に使った想定と処理に関して書面で自己評価すること。 首尾良いパフォーマンスのための規準 学生は、次のことをする。 1. 答えられるべき問いの提起あるいは証明されるべき論拠を示すために説明できる枠組みを作る。 2. 幾つかの記述的証拠を互いにリンクさせ、説明的な枠組みとも連動させるために理に叶った論拠を示す。 3. 自分の見方がいかに情報源の選択や解釈に影響するのかを明らかにする。 4. 発表相手に一貫した話をして、その背景と経験に観念や情報を適合させる。 5. 一貫した記述様式を使って、自分の観念について批判的なやりとりと鑑定をすることを促進する。

Alverno College Institute, 2005. p.8

つの授業における学生の学びである。そして、このような授業を支えるのが教職員研修であり、授業結果として下された評定を通じてカリキュラムの課題が集約され、新たなカリキュラム改革の指針を打ち出すのが大学の執行部である。これらは、常に事中に行われるのであり、際限もなくリニューアルし続けるシステムなのである。

このようにアルバーノ大学では、教師が何かを教えるというよりむしろ教師も学生も評価を介して新たな学びを評価し、次なる学びを創り出すという“評価と学びの連動”が重要な鍵とみなされている。とすれば、「評価としての学び（assessment as learning）」ということ、つまり、学生自身による自己評価の役割が大きくクローズアップされる。

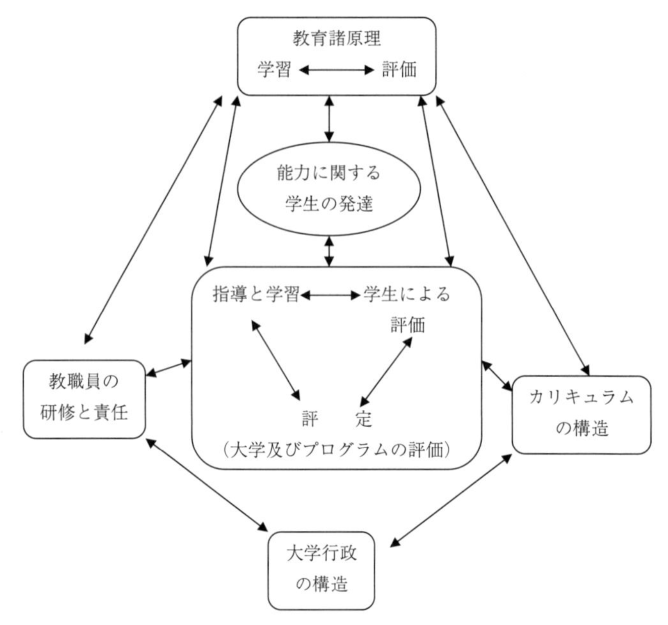

図１−１　能力発達のための全体システム

そこで重要になってくるのは、学習と評価についての十分な理解であるが、まず学習については、アルバーノ大学では、次のように説明している（Alverno College Faculty, 1994, pp.16-17）。

【学習とは何か】

・自覚によって特徴付けられる（学生は自分がねらっていたことと行っていることとの関連について、一層理解し、自覚することが学習の本質である。）

・能動的で相互作用的（権威ある学者の話を聞き、本を読めば、問題を発見したり、解決できるのではない。学生自身が学習しなければならないが、それは、協働して、他者の考え方を取り入れたり、他者に説明することによって、うまくいく。）

・発展的（自分の知識や能力を把握し、それと新しい学習とを調和させ、より難しいレベルへとコマを進めるのが学習であり、そこで自分の学習スタイルを見出し、柔軟に使うのがよい。）
・転移可能（知識と能力を統合させたものがいつどこで転移するのかは分からない。したがって、その場面で関係していることが分かるような学習機会を何度も提供しなければならない。）

そして、評価については、上に述べた学習の本質に関連付けて、次のように述べる（Alverno College Faculty, 1994, pp.18-19）。

「もしも学習が統合的で経験的であるなら、評価は、パフォーマンスを判断しなければならない。もしも学習が自覚によって特徴づけられるべきなら、評価は、公表されなければならない。もしも学習が能動的で相互作用的であるべきなら、評価は、パフォーマンスだけでなく大学外部からのフィードバックを含まなければならない。もしも学習が発展的であるべきなら、評価は、（学生用ポートフォリオのように）累積するものであって、対象範囲も広げたものでなければならない。最後に、もしも学習が転移可能であるべきなら、評価は、複数の様式と文脈を使わなければならない。」と。

このような評価と学びの想定を認めると、教師は、多大な労力を払って「あれもやらなければ、これもやる必要がある」と思い込みがちである。しかし、アルバーノ大学では、そこに学生による自己評価という考え方を導入して、教師側の一方的な思い込みと無駄なエネルギーを使うことを避けようとする。その一つの方法として、学生がインターネット上にある診断的デジタル・ポートフォリオを通して、自分の履修した授業の成績だけでなく提出物やその後の学びの成果を取り出し、振り返りながら、新たな学びの展望を描くことができるようにしている。

自己評価とは、「学生が評価規準に基づいて自分のパフォーマンスを観察し、分析し、判断する能力であり、学生がさらに改善しうる方法を決める能力である。」（Loacker, G.(ed.), 2000, p.3）と定義されているが、そこでポイントとなるのが表１−４のような評価規準と自己評価を効果的に促すためのルーブリックである（Mentkowski et al., 2000, pp.450-451）。なお、『学習と評価についての教員ハンドブック』によれば、評価規準は、㋐受け入れ可能なパフォーマンスに込められた理解のレベルと深まり、知識の応用や総合などについての明確な説明、㋑学生が達成すべき正確さのレベル、㋒学問や領域に特定的な評価規準、などによって記述されたものである（Alverno Educators, 2001, p.8)。

このような実践の結果、アルバーノ大学の学生に「評価について何をイメージするのか」と聞くと、本当に誠実に、安全、成長、創造的、自信、従事、自己知識、自尊心、発達、コンピテンス、という言葉が返ってきたと言う（Alverno College Faculty, 1994, p.53)。評価と言えば、私たちは、教師から受ける評価を思い浮かべて、とかく否定的なイメージを抱きやすい。しかし、アルバーノ大学では、学生は、評価を肯定的に捉え、自らの学びや成長に関連付けている点に注目したい。

実際、私は、2005年度後期の最初の授業で、このようなルーブリックの各レベルを判断する一つひとつの項目として位置づけられた評価規準をランダムに並べて学生に該当するものをチェックさせ、それを基に表1－4のようなルーブリックで照合して自分がどのレベルにあるのかを確認させて、評価規準の意識化を図り、最終回の授業で同じルーブリックを配って、学びの振り返りをさせたところ、評価に対する考え方に親しむだけでなく評価規準と学びとを連動させることに一定程度の効果があったように思う。教師が熱意をもって学生に何でも手取り足取りやってやるのでは、学生は、教師の手を離れた時に途方に暮れてしまいかねない。このようなルーブリックを通して自律的な学習者を育てることも大切ではないだろうか。

3. 全学的なバックアップ体制の確立のために

アルバーノ大学の一般教育カリキュラム改革によって、教員は、専門に関連した学科に所属するだけでなく、専門や関心によって8つの能力のいずれかを重点とする教育組織にも属すようになっており、全学的に統一した教育

表１−４　一人学習と自己評価に対して学生が理解するための評価規準の役割についての発展的展望
−評価規準は学生にとってどのような価値と利益があるのか？−

評価規準が一人での学習を可能にする	評価規準が自己評価を可能にする
…内容から能力へ …曖昧から明示的、そして、柔軟な情報へ …外的から内的な自己評価へ	…評定から評価規準へ …量から質へ …意見から証拠へ
初　級　レ　ベ　ル　の　学　生	
・学習目標は、学習内容に対する曖昧な方向とみなす。 ・明示的な指示はやかましいと思う。 ・学習目標は、どれだけの内容を学ぶのかということに対する指示とみなす。 ・コンピテンスや能力は、何をすべきかに対する指示とみなす。 ・遂行や妥当化や合格のために、何をすべきかということについての明示的な指示を求める。	・評価者の判断は、任意で曖昧であり、自分自身や評価者のコントロールを越えているとみなす。 ・はっきりとした評価規準は、とても良いと思う。 ・評価者の判断は、どれだけ学ぶのかという基準に基づくものとみなす。 ・数や文字の評定は、自分が正答の近くまで学んでいるのかという基準とみる。 ・評価規準は、強みだけでなく弱みへのフィードバックに適用するが、評価規準の解釈は、任意で曖昧、評価者と自己の個人的意見に依存していると考える。 ・妥当や妥当でない理由について、しばしば分かっていない。 ・評価規準は、正しい反応のパーセントとして表現されたものとしてみている。 ・合格する所までを切り抜けてやり遂げられるかどうかを心配する。
中　級　レ　ベ　ル　の　学　生	
・事前に示された評価規準は、自分に何を学び、何をすべきかを述べているということを知っている。 ・明示的な学習目標と評価規準を求める。 ・能力は、自分が学校や私生活で使う過程におけるステップであるとみなす。 ・学習は、過程であるとみなす（学び方を学び、それは後に消失しない。） ・評価規準は、遂行能力の像を示したものとみなす。	・強みと弱みへのフィードバックは、進歩や成功への明示的な情報提供であるとみなす。 ・評価規準は、フィードバックと自己評価の枠組みとみなす。 ・明示的な評価規準を求める。 ・明示的な評価規準によって達成の動機付けをする。 ・評定は、進歩や成功の情報源としては排除する。 ・評価のための評価規準は、より柔軟で両義にとれ、より解釈に開かれているものとみなす。
上　級　レ　ベ　ル　の　学　生	
・評価規準は、学習と評価の過程の一部と考える。 ・能力は、何かを遂行する枠組みと捉え、評価規準は、遂行と自己評価のための能力の像とみなす。 ・評価規準は、学習の転移を可能にするような学習の認知的枠組みとみなす。 ・評価規準は、一つ以上の方法に適用し、一人学習がスムーズにできるように使う。 ・評価規準は、自分の中に内面化させ、自己評価をするために使う。 ・自分自身で評価規準を作る。	

体制が整った。したがって、教育学や教職以外の専門科学の教員においても学生の教育・指導をどのようにすべきかという関心は、概して高くて、その指導について、自らの大学院生の頃を思い起こして大学の授業に工夫を加えたり、現代的課題を取り込む授業実践などを綴った図書を出版しているくらいである（cf. Riordan and Roth(ed.), 2005）。恐らくこれらの教育実践は、毎年数回開催される教職員研修などで発表し、優れたものとして評価されたものであろう。このようにアルバーノ大学では、教員同士のネットワークを組織しながら、不断の教育改善運動を展開している。

さて、一般教育カリキュラムの中心に学生による学習を据えて、持続する学習を実現しようとしたように、大学組織においても持続的に学習する組織とはどのようなものかという問いを軸に設定して、表１−５のような絶えず学び続ける組織の原則を立てている（Mentkowski et al., 2000, pp.403-404）。それは、学生が履修する一般教育のカリキュラムづくりで採用したのと同じ「学習とは何か」という考え方を大学教員による学習にも適用したものである。

確かに、この大学で学生向けの質の高い教育に取り組むということを決めた時点から、図１−１に示したように、全学的にバックアップする体制をとってきたのであって、そこでの学習と評価の原理を大学組織にも適用しようというのは、一貫性の点から言っても当然のことであろう。

近年、わが国においても大学教育が注目されるようになってきた。しかし、一般にそのような大学教育実践は、特定の教員による個別の分野の実践に留まることが多く、大学教育センターやFD委員会などでさえそのような教員の優れた教育実践をバックアップすることまではしないこともある。対照的に、アルバーノ大学では、学生による学びをどのように伸ばすのかということを目的にして出発し、それが制度としての大学改革に結びついたのである。

そして、表１−５の記号に関連付けて言えば、❶Ⓐ多様な授業における教育を凝集させる学習ゴールに関して合意を得るとともに、差異も尊重し、❷

表１－５ 持続する学習のための原則
―持続する学習のために組織するための行動原則に収斂させながら―

❶ もしも持続する学習が統合的で経験的なら、効果的な制度は；
Ⓐ 教育内容とその学習方法についての多様な考えの中でカリキュラムの凝集性をもたらす学習ゴールを巡って合意するように励ます。共有された目的の内外において差異を尊重する。
Ⓑ 出発点と学習内容を発見して、経験的に実践する。つまり、現在進行中の経験からガイドラインと行動原則を推量し、学習を経験的に妥当化する。
Ⓒ 最終的には制度全体を関わらせる。
❷ もしも持続する学習が自覚的で省察的、自己評価的で自己報酬的ならば、効果的な制度は；
Ⓐ 学習のデザイン、過程、結果に対する個人の自覚を促すことを通して、持続する学習を学習者の目に見えるようにする。
Ⓑ 変化の証拠を文書化し、証拠の文化を生み出し、制度自身の「発達的なパフォーマンスの評価規準」を明らかにし、自分自身の理想と他の制度の最良の実践との関係でパフォーマンスのベンチマークを決めることによって、省察、評価規準、フィードバック、自己評価をしながら持続する学習を実践する。
❸ もしも持続する学習が発達的で個人的、変遷的で変容的ならば、効果的な制度は；
Ⓐ 制度的な変容は、個人を尊重する。つまり、制度と実践レベルの間には差異がある。そして、変容される事柄は、大学ごとに違う。
Ⓑ 制度的な変容は、長期にわたる変化を判読できる点において発展的であるが、様々な変容の活動が同時に起こることもある。
Ⓒ 学習を高める文化を創造する。問題を解決し、障害を取り除く方向に向けての学内のコミュニケーションを促し、関与や投資を拡大する。
❹ もしも持続する学習が能動的で相互作用的、独立的で協働的なら、効果的な制度は；
Ⓐ 学生の意識と教員の意識の間を記録して、再現することに基盤を置く。
Ⓑ 大学文化の進展に間接的に影響を及ぼすために学内で学習における全学的な関与へ向けて働きかける。
Ⓒ 様々な制度からなる協働的な学習コミュニティに向けてコンソーシアムの中で組織的学習を提携して行う。
❺ もしも持続する学習が状況的で転移的ならば、効果的な制度とは；
Ⓐ 継続的な変化が文脈においてなされることを期待する。
Ⓑ 公的な対話を生み出して、学生の学習結果についての想定、実践、理解の転移可能性を解明する。
❻ もしも持続する学習が深くて拡大的、目的的で責任を負うものであれば、効果的な制度は；
Ⓐ 制度の変容は、その組織の持続する学習の一部であることを期待する。
Ⓑ 制度の変化を熟慮し、解明し、大学コミュニティの各構成員の学習に対する責任を負う。
Ⓒ 制度の責任を理解して影響力を及ぼすことを追求し、個々に公平に取り扱われることを期待する。

Ⓐ持続する学習を目に見えるようにするが、そのことは、❹Ⓐ学生と教員の意識の異同も確認しながら、❷Ⓑ変化の証拠を文書化して、省察・評価規準・フィードバック・自己評価を促し、❸Ⓒ学内の意見交流を活発化し、❺Ⓑ開かれた形での教員間の対話の機会を設けることによって実現されよう。また、前述のロジャースの指摘のように、「最終的な結果がこうあるべきであると考え、それに向けて動き始めるより大学のシステムの進展を少しずつ支援するのがはるかに有益であると思われる。」（Mentkowski et al., 2000, p.402）のであって、❹Ⓒ時には他の大学とのコンソーシアムを組みながら、❸Ⓐに言うように何を変えるのかということは大学ごとに違うことを肝に銘じ、「どんな単一の改革モデルもない」（Mentkowski et al., 2000, p.405）と考えながら、❺Ⓐその大学の文脈の中で継続的な変化を生み出し、❸Ⓒ大学の教員が自らの文脈に即して学ぶという文化を創造し、❻Ⓑ一人ひとりの教員は、大学というコミュニティの一員であって、大学教育について学ぶとい

表1−6　大学における授業評価と制度としての評価

評価は、アルバーノ大学の使命の根底にあって、凝集的で不断の改善を確かにする様々な構造によって支えられた教育の原理と価値に基づいたダイナミックな学習システムの一部である。

評価としての学生の学習は、学習と統合する過程であり、それは、明示的な規準に基づくそれぞれの学生のパフォーマンスの観察と判断を含み、学習改善のために学生に、そして、指導改善のために教員に対するフィードバックを伴うものである。 評価は、卒業に必須のアカデミックな知識と能力の発達において学生の達成度を証明するためにに役立てられる。	制度とプログラムの評価は、改善と共有された学習に役立てられるが、それは、教育結果において学生と卒業生のパフォーマンスのパターンに関する教員、職員、様々な世間の人々に意義深いフィードバックを提供することによってなされる。

この包括的評価のプログラムは、実行可能である。というのは、教職員が大学における指導と学習と評価のプログラムに関するデザイン、過程、影響、進行中の評定、改善、理解に責任を負っているからである。

う責任感を持つ必要があるということである。

1970年前後の一般教育カリキュラム改革草創期の第１期には、学生数が少なく、改革の方針にはそぐわない学科から異議が噴出して、大学としての方向づけも揺らいだ時期もあったが（Read and Sharkey, 1985, p.8）、表１−６に示すように「評価としての学生の学習」と「制度とプログラムの評価」を両輪にすることによって（Mentkowski, 1994, p.8）、表１−５に述べたようなアルバーノ大学全体が持続的に学ぶための行動原則を練り上げるに至ったのである。その要となって大学評価に当たるのが1976年に創設された教育調査評価室であって、大学の教員でさえ「一人の学習者であるというスタンス」を保ちながら（Alverno College Faculty, 1994, p.103）、他者から学び、絶えず改善を加えていくために、協働的な学習コミュニティを創造することが不可欠であると言うことであろう。

4. わが国の大学カリキュラム改革への示唆

2006年３月にアルバーノ大学を訪問し、10名ほどの卒業生で教職についている人々にインタビューする機会があったが、彼女らが異口同音に言うのは、第一には、学部入学当初は、高校や他の大学とは履修の進め方がまったく違って戸惑ったが、小規模大学でアットホームな雰囲気があって、教員とも親密な関係を保つこともできたので、ほどなく慣れたということであり、第二には、教職につくと、他の大学出身者よりも学校内の教員同士や保護者との人間関係のとり方がうまくて、コミュニケーション能力が優れているのではないかということであった。

確かに、学部卒業後５年目に教職やその他の仕事についていたり、家庭に入っている97名を対象に行動観察面接法によって実施した調査によれば、組織で協働して考えて、行動すること、他人を育てたり、展望を見出すこと、分析的に考えて、行動することに秀でているという結果が出ている（Rogers and Mentkowski, 2002, p.31）。そして、U.S.Newsによる2006年度全米大学大学ランキングでも、8つのカテゴリーのうち初年度教育、卒業年度教育、インターンシップ、学習コミュニティ、サービスラーニングにおいて選出されており、優れた教育を行った大学として評価が高い。

さて、私たちは、ここに紹介したアルバーノ大学の一般教育カリキュラム改革と制度改革からどのような事柄を学ぶべきであろうか。

第一に、改革草創期において、アルバーノ大学の学長が幾つかの問いかけを教員に行い、その回答を通じて大学の現状を把握した後、大学改革に着手したという点に注目したい。恐らく、当時、学長は、ある程度の改革ビジョンを描いていたであろうが、それを上意下達式に実行するのではなく、学内の現状認識を優先し、外部資金獲得に努力するとともに、改革に取り組む専任教員には授業負担を軽減するというリーダーシップを発揮した。総論賛成、各論反対は、洋の東西を問わず同じであるが、学長による教員の合意の取り方と、評価センターや教育評価調査室の設置を含めて改革に向けての条件整備の仕方が大いに参考になる。

第二に、大学卒業後にどのようにして成功を収めるのかという観点から卒業時の学習結果を一般教育のカリキュラムで育成すべき能力として目標化し、それをいかにすれば評価できるのかということに真剣に取り組んできたということである。アメリカでは、1970年代は、「出版か、さもなくば消滅か（Publish, or Perish）」と言われ、教員も大学当局も大して優れた成果もないのに、ともかく出来るだけ沢山の出版物を発行して、優秀性を誇るという時代があったが、それは、何ら教育や研究の向上には役立たない一種の教育バブルであった。

ところが、アルバーノ大学は、1969年の改革当初から学習結果としての能力を見据えて、それがペーパーテストで評価できないことに気づき、パフォーマンス評価を取り入れ、そのためのパフォーマンスの学びを学習課題に埋め込んで、大学の制度やカリキュラム全体の評価にも繋げようとした。その際に、教員は、コミュニケーション、社会相互作用や問題解決などの力のように質的なパフォーマンスの学びを評価するために、教職員研修所などで研修を重ねて、学生とも意見のやり取りをしながら学びに省察を加え、学外の評価ボランティアも組み込む多面的な評価を実施し、そのための方法としてポートフォリオを導入したのである。そして、この改革の方向性は、1990年代以降にアメリカで展開された評価を軸にした大学改革運動と合致して、より一層の推進力を得るようになった。

わが国の大学改革においても近視眼的で安易な方策に陥ることなく、“急がば回れ”という諺のように、問題の本質を真摯に見極め、長期にわたって教職員研修を含めてその解決策を講じていく必要があろう。

最後に、このような学生や学習結果を中心にカリキュラムを編成すると、とかく“人間教育”という美名の下に教師による印象的な甘い評価になって、結果的には学生の緩んだ学習に陥りかねないが、アルバーノ大学では、学生による自己評価を重視している点に目を向けたい。もはや教員が授業で「あれも教えた、こんな体験も入れた」と言って、学生の学びが伸びたり、変容しなかった場合に、その責任逃れをする時代は済んだように思う。その反対に、学生に授業評価アンケートを実施して、結果が良ければ安心し、悪ければ授業改革に取り組もうと一喜一憂するというのも万全とは思えない。というのは、ほとんど授業に出席しないで単位を取ろうとする学生や劇場のように楽しくて面白い授業ばかりを求める学生など学ぶ姿勢に問題がある学生も少なからずいて、彼らも含めて授業評価アンケートが匿名であることをよいことにして、自分勝手な意見を述べたり、暴言を吐くことさえあるからである。

とすれば、アルバーノ大学のように、わが国の大学においても、学生自身に入学当初や学期始めに「何を学びたいのか」ということを自己申告させて、学びの目的意識化を図り、学びの過程で生まれた学習物（レポートや作品などで失敗作を含む）をデジタルや紙のポートフォリオに収納して、表1−4のような各種の自己評価の評価基準表を使って質的に評価させ、その結果を教員と共有するということも必要な時代になってきたように思う。

引用文献

Alverno College Faculty (1994) *Student Assessment as Learning at Alverno College*, Alverno College Institution.

Alverno Educators (2001) *Faculty Handbook on Learning and Assessment*, Alverno College.

Alverno College Experiential Learning Committee (2002) *Fostering Professional Development Through Experiential Learning*, Alverno College Institute.

Alverno College Faculty (2005) *Ability-Based Learning Outcomes* (6th edition), Alverno College Institute.

Loacker, G.et al. (1985) *Analysis and Communication at Alverno : An Approach to Critical Thinking*, Alverno Publications.

Loacker, G.(ed.) (2000) *Self Assessment at Alverno College*, Alverno College Institute.

Loacker, G.and Rogers, G. (2005) *Assessment at Alverno College : Student, Program, Institutional*, Alverno College Institute.

Mentkowski, M. (1994) *Institutional and Program Assessment at Alverno College*, paper presented as part of the symposium, Institutional Assessment Across the Educational Spectrum at the annual meeting of the American Educational Research Association, April 1994, New Orleans, April 7.

Mentkowski, M. et. al. (2000) *Learning That Lasts*, Jessy-Bass Publishers.

Read, S.J. and Sharkey, S.R. (1985) *Alverno College : Toward a Community of Learning*, Levine, A. and Green, J.S(ed.). *Opportunity in Adversity*, Jossey-Bass Publishers.

Riordan, T. and Roth, J.(ed.) (2005) *Disciplines as Frameworks for Student Learning : Teaching the Practices of the Discipline*s, Stylus Publishing, LLC.

Rogers, G. and Mentkowski, M. (2002) *Alverno Faculty Validation of Abilities Scored in Five-Year Alumna Performance*, Alverno College Institute.

第2章 アルバーノ大学の教員養成カリキュラム

アルバーノ大学は、第1章で紹介したように、“高等教育におけるパフォーマンスの学習と評価のパイオニア”であり、それを支えるものとして能力に基づく学習結果重視の一般教育カリキュラムが注目されてきたが、教員養成においても高く評価されている。この大学の教育学科は、学部生の平均年齢が26歳から28歳までであり、毎年100名弱の学部卒業生のうち約50名が小学校教員免許を取得し、その中の80～90%が小学校教員として採用されている。そして、小学校教員養成カリキュラムは、大学教員、在学生や卒業生だけでなく卒業生を教員として採用した学校による様々な調査やインタビューの結果が示すように、「アルバーノ大学の小学校教員養成カリキュラムは、多様な学校で仕事をする教師を養成するために長年にわたって著しい成果を収めてきた」と言わしめている（Zeichner, 2000, p.5）。

では、アルバーノ大学は、どのような教員養成カリキュラムを設けているのだろうか。学生は、どのように学習を進めていくのだろうか。また教員は、教員養成のためにどのような係わり方をしているのだろうか。

本章では、これらの問題について整理・考察した後、最後にわが国の教員養成学部や教育学科は、アルバーノ大学の小学校教員養成の実践から何をいかに学ぶべきかということについて述べたい。

1. 教育に関する想定と持続的な学習のモデル

アルバーノ大学は、教員養成の専門教育においても、一般教育と同様、次のような想定に基づいて、教育実践を行っている（Alverno College Faculty, 1994a, p.4）。

(a)教育は、知ることを越えて、知っている事柄ができることである。

(b)大学教員は、結果を明確にし、公表することによって、学生に学習を利用できるようにする責任がある。

(c)能力は、現代生活で要求される事柄に関して慎重に確認されなければならない。

(d)評価は、学習を統合するために不可欠である。

わが国では、例えば、算数の解き方だけを覚えこんで、ペーパーテストで正解を書けるが、その意味が分かっていないので、駄目であるというように、何かの問題ができても、理解していなければ駄目であると言われる。しかし、(a)で“できる”と言っているのは、そのようなアルゴリズムの技能面の適用に限定するのではなく、学問の概念を抽象的な知識として持っていて、あるいは学問の技能を筋道立てて知っていて、ペーパーテストでよい成績を取ったとしても、現実の場面で使って、何かの問題を解決したり、応用できなければ、本当に深く理解（deep understanding）したことにはならない、ということである。そして、この「知っている事柄ができる」というところにパフォーマンスによる学びが位置づけられているのである。

(b)については、「結果の明確化の公表」を通した説明責任（accountability）を連想する人もいるだろう。確かに、一般教育では、第1章で述べたように、8つの能力を、教職の専門教育においては本章で後述する5つの能力を示して、ゴールを明らかにしているが、力点は、学生がそれらの結果あるいは能力を絶えず念頭に置きつつ、学習するという部分にある。

そして、(c)について、能力は「こうあるべきだ」と抽象的に考えるのではなく、現実の仕事や生活と関連づけながら、抽出しなければならないと述べ、(d)において、評価は、学生が学習した後に大学教師が評価するものと据えるのではなく、「評価としての学習」として評価と学習をシームレスに捉え、学生自身に持続的な学習を促し、そこでの評価情報を教師自身の学びにも生かそうとしているのである。

また、アルバーノ大学では、学部だけでなく卒業後も含めて、図２−１のような生涯にわたって成長していく学び、つまり、“持続的な学習”のモデルを示している。ここでその考え方を簡単に説明しておくと、次のようにな

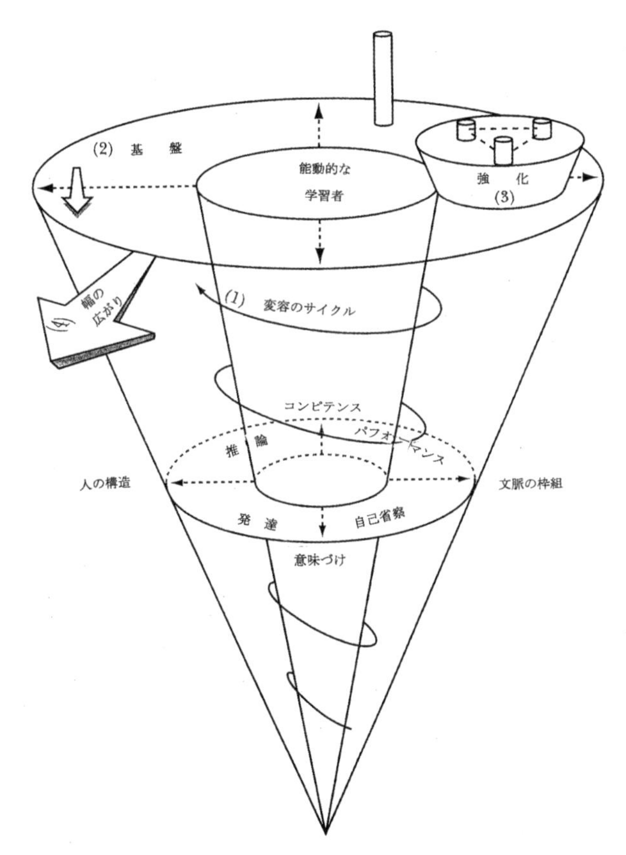

図２−１ 持続可能な学習のモデル

る（Mentkowski et al., 2000, pp.208–214)。

まず、(1) 変容のサイクルは、‘能動的な学習者’を中心に水平に広がりながら、垂直に深まっていくものとして螺旋で示されているが、円錐中央の円盤のところに示すような４つの成長領域がある。推論は、宣言的知識、形式的推論、基本的な認知とリンクしており、根底では傾性（disposition）とも係わり、洞察を働かせて、特殊や具体によって狭められた習慣的な枠組みを打破して、抽象へと広がっていくものである。‘パフォーマンス’は、その規準として効果性が問われ、未来を構想しながら、パフォーマンスを拡大していくことになるが、それにつれて他人との協働も必要となり、そこでは共感的な気づきも求められる。‘自己省察’は、経験から意味を見出すことが中心であり、過去を振り返るだけでなく未来をも思い描くこともあり、さらに、個人で行うだけでなく他者との交流を通して深められ、身近な経験と自分の進行中の物語の関連付け方によって拡大されるものである。‘発達’は、多くの教育者が教育の究極のゴールとみなしてきたものであって、自己を過程の中で捉え、個人的な意味づけが大きくなるように進むことであり、他者との関係を深めつつも、独立という点では倫理的にも統合されるのである。

そして、‘推論’と‘パフォーマンス’はコンピテンスへの外的な焦点化に、‘パフォーマンス’と‘自己省察’は文脈の枠組みに、‘自己省察’と‘発達’は意味への内的な焦点化に、‘発達’と‘推論’はその人の心的な構造に向かうのだが、能動的な学習者については、コンピテンスとの間には‘メタ認知の使用’、文脈のフレームワークの間には‘パフォーマンスの自己評価’、自己省察との間には‘多様なアプローチ、見解、活動’が介在している。

(2) 基盤については、大学時や卒業後もその人の思考力が成長するけれども、特にクリティカルシンキングが成長の基盤になるだろうし、発達の基盤として理性的で道徳的な推論が大切であり、それは、他者との交流を通して育てられるだけでなく一人で熟考することによっても深められていく。

とは言え、個人内での能力は、例えば、もっとも高度な考え方を持っていて、仕事もできる人は、文脈によって最適なパフォーマンスを選ぶように、能力の発揮の仕方が違っている。それは、大きな円錐の中の小さな円錐というように図式化でき、(3) の強化というように呼ぶべきものである。そして、(4) の幅の広がりに関しては、人は、垂直の成長があった後、水平に拡大されていく。垂直の成長では統合的な洞察を必要とするが、水平の拡大では、これまでの学んできた事柄と統合して、維持と組織化と役立てられているのがアルバーノ大学のカリキュラムである。

このように、アルバーノ大学では、大学生の間や卒業後の仕事や生活に何が必要かという視点から育成すべき能力を明確にして公表し、それらの能力をそれぞれの授業のゴールとして組み込み、教師が授業で座学的に説明するのではなく、学びの成長モデルが示すように、学生によるパフォーマンス的な学びと評価を繰り返し、教師や仲間の学生などからのフィードバックを受けつつ、学生の学びを中心に展開させようとする。

私が2006年3月に訪問した時、教育研究評価室（Educational Research and Evaluation）上級研究員のロジャース（Rogers, R.）から「この大学では、小さな教室が多く、討論の授業がほとんどです」と言われ、教室を見せてもらったところ、3～4人程度が座れる長机や円卓が10脚ほど置かれている程度のスペースであった。そのような教室を見ると、学生数約2000名（そのうち院生は約200名）、常勤教員数約100名というアルバーノ大学が小規模をデメリットとみなすのではなく、“小規模だから、人的な絆も強い”という考え方で、教育を大切にしようとしている姿勢を窺い知ることができよう。

2. 相互作用を重視したカリキュラム観

アルバーノ大学のカリキュラムは、一般教育だけでなく専門教育においても、教えたい内容を伝達しようとする教員中心ではなく、学生が興味関心のみによって内容を選ぶ学習者中心でもなく、教員と学生の“相互作用”をキーワードにして、展開しているように思う。

まず、図２−２（(Mentkowski et al., 2000, p.312）の上半分の円から分かるように、アルバーノ大学では、教員が意図をもって用意したカリキュラムを学生に学ばせて、その結果についての評価情報から成績を評定し、授業改善にも生かす。そこでは、学生を中心に据えて、Ⓐ組織された学習経験、Ⓑ内容と単位化についての合意、Ⓒ相互作用する文脈と文化、Ⓓ概念的フレームワーク、Ⓔ使命、ねらい、哲学、Ⓕプログラムの評定と評価、へと同心円的に拡大していくとするが、現実には、互いに混ざり合うので、それを破線によって表している。

ここで特徴的なのは、Ⓒの「相互作用する文脈と文化」において大学内外における授業以外の経験、個人的な意向や感情、地域性などの“隠れたカリキュラム”を視野に入れている点である。また、Ⓓの「概念的フレームワーク」とは、様々なカリキュラム類型から特定のカリキュラムを採用することを指しているが、アルバーノ大学では、「能力に基づくカリキュラム」を採

図２−２　相互作用する様々な要素を持った力動的過程としてのカリキュラム

用したということも特徴として挙げることができよう。

さらに、円の下半分に示すように、学生が卒業後の持続的に学習することを見据えて、その構成要素として、学生や卒業生が(a)学習のフレームワークとして組織した学習経験、(b)内容と評価についての合意、(c)相互作用的な文脈と文化の統合、(d)教育の想定と原理に関する概念的フレームワークの明瞭化、(e)使命、ねらい、哲学の解明、(f)実施中のカリキュラムの学問性、をカリキュラムに組み込んでいる点も特徴的である。これらの要素は、当該分野の図書やアルバーノ大学の在学生や卒業生の実態調査を通して抽出したものである。

要するに、アルバーノ大学は、矢印が上から下に示すように、基本的には教員から学生に意図したカリキュラムとして働きかけるが、在学生でも卒業生でも現実に行われている持続的な学びまで考慮して、学習されたカリキュラムも組み込んで構想しているということである。

確かに、教員が授業であれこれ教えても、学生は、そのまま受け入れ、記銘していくのではない。特に(a)から(f)のカリキュラムの要素によって学習の効果も伸びも大きく変わってくる。したがって、円の下半分が重要になるが、それぞれの要素について、表２−１のように、３つの欄に分けて詳しく説明をしている。そして、これら６つの本質的要素のうちもっとも力点を置いて論じているのが、(a)の左欄に示す能力の捉え方である。

そこでは、「様々な学問で統合された様々な能力を学生の学習の一つのフレームワーク」とみているが（Mentkowski et al., 2000, p.313）、能力をこのように取り出すと、学問と分離されるのではないかという懸念に対しては、「思考様式としての学問」という点に目を向け、そこに様々な能力があることに気付けば、そのような批判は杞憂に終わるのであって、大学の教員は、「特定の諸能力とそれを構成する知力の習慣（habits of mind）を再発見するために、自らの専門的実践を省察し、砕くことであり、このようにして、教員は実践を通して学生を歩ませ、学生にとってのモデルとなることである」と言う。そして、そのための方法として、例えば、大学の教員が他の専門の

表2−1　持続する学習のためのダイナミックなカリキュラムの要素

持続する学習のためのカリキュラムの本質的要素	学習結果と学生の原因帰属において了解されたカリキュラム要素	カリキュラム原理の概念的フレームワーク
(a)学習のフレームワークとして組織した学習経験 フレームワークは、学問的又は学際的な研究領域や専門、学習としての学生評価、学び、成熟し、奉仕する学習のための教育、と一緒に統合された能力を含めて期待される学習結果や経験として入念化される。	学生と卒業生は、カリキュラムを個別化され経験の場を与えられ、相互作用的、協働的、凝集的、多様であり、構造化されたり、オープンエンドであって、個人にも集団にもデザインされており、広範囲の指導、学習、評価の方略の結果として経験している。	教員は、カリキュラムを特徴づける学生の学習結果を決定する。教員は、パフォーマンスにおいて、その人において発展段階で示したところの、内容と統合された複合的で多面的な能力として学習結果を明確にする。教員は、卒業に必修の学習結果を期待はするが必修ではない学習結果を定める。カリキュラムは、その両方に留意する。
(b)内容と評価に対する合意 内容と評価に対する合意とは、内容と能力、状況における能力、知ることとすること、個人的役割と専門的役割、リベラル・アーツと専門職などを統合する学習結果を必修とするということである。学生の評価については、学習としての評価、公表された発展段階に分けたパフォーマンスの評価規準、フィードバック、自己評価を大切にする。	公表され明示された学習結果は、発展段階を示しており、能力とパフォーマンスに基づいている。学生は、学習としての評価の様々な鍵となる構成要素(学習結果、評価規準、フィードバック、自己評価)における学習原理を表明する。	教員が教える内容と方法は、学生が学び取る内容とそれを知識やパフォーマンスや個人的成長に変容させる方法や時期とは区別される。指導、学習、評価は、学習過程の変数であって、カリキュラムは、これら3つに留意する。独特なパフォーマンス結果を含み、それを形成するカリキュラムは、教員が学生の一般教育へ学問的学際的フレームワークに明確で適切に統合できるようにする。カリキュラムは、個々のパフォーマンスを評価する多様な機会を与える。
(c)相互作用的な文脈と文化の統合 文脈は、挑戦的で支援的な教育学、学習風土、コミュニティ、統合されたカリキュラムを伴った文化、コカリキュラム、インターンシップ、海外研修、コミュニティへのサービスを含む。学生の生活や出来事を考慮する。心の底からの声を出し、信頼を促すような風土が求められる。	カリキュラムは、多様な学生が自分自身の観念を構成し、実践し、反省し、学習の意義を妥当化し、遂行のために学ぶ多様な機会を含む。カリキュラムで挑戦させることと支援することのバランスが保たれると、心の底からの声を出し、信頼を促し、学生が自分の目的を明らかにして、実現する機会を与えられるような風土が生まれる。	カリキュラムは、学生が複数の学問や学際的な研究領域や専門で学んだ事柄を構成し、実践し、振り返り、統合する機会を繰り返し提供する。インターンシップ、助言、指導、その他の学生向けサービスがカリキュラムを統合させる。
(d)想定と原理に関する概念的フレームワークの明瞭化 フレームワークは、教育的想定、学習と評価の原理、カリキュラムの原理、持続する学習の原理を含んでいる。	カリキュラムは、学生と学生の学びを中心にしており、そこでは、学生への肯定的な報酬を伴う。学生一人ひとりは、尊重されていて、学ぶことができるとみなされている。	カリキュラムが完全に保たれているということ(教員の意図と学生の経験を代表する度合い)は、カリキュラムが多様性の内部で凝集していなければならない。ダイナミックなカリキュラムは、学習評価、指導／助言／探究／カリキュラム原理を絶えず再考・整理し、教育的想定を不断に妥当化する必要がある。
(e)使命、ねらい、哲学の解明 カリキュラムは、学生と学生の学習が中心である。カリキュラムは、その多様性の内部で凝集し、発展するものである。そこでは、学生が一人ひとりの潜在力を最大にするような発展段階的で明示的、共通であり、順次進むという期待に合致させる必要がある。	目的があり、関連づけたカリキュラムは、学生の興味関心の中にある。教員が学生に伝えた意図が、教員が教えた内容や学生と相互作用する仕方において一般に実現されるという点で、カリキュラムは公明正大である。	学生の学習のためにカリキュラムがある時、カリキュラムの多様性が凝集性をもたらす。カリキュラムは、学生がもたらした内容、経験した仕方、学生が学んだり、学ぶべきであった事柄、卒業生が学ぶ仕方と卒業後に学ぶ必要のある事柄と関わらせて、教員がデザインし、実施し、経験し、評価し、改善する。
(f)カリキュラム実施中における学問性 教員は、能力、学習、自分の学問との間における様々な関連を研究する。	カリキュラムは、現在の学生と未来の学生のために絶えず改善される。学生のカリキュラムへの展望とカリキュラムでの経験が考慮されて、変更される。学生は、教員をその分野の専門家、指導と助言とサービスの専門家と見ている。	カリキュラムの学問は、進行中であり、持続的で、拡大的、熟慮をして、個人的、諸学問を通して複数の方法と比較を伴っており、協働的である。学問や諸学の統合における学問性は、学生の学習によって形成され、また学生の学習を形成する。

教員に対して自らの学問の意味について対話する機会を設けて、特殊な専門用語を使わないで、相手の理解度を確かめながら、説明せざるを得ないので効果的になると言うのである（Mentkowski et al., 2000, p.317)。

(b)の「内容と評価についての合意」については、左欄に示す「学習としての評価」の考え方がポイントである。つまり、評価は授業を受けて、その学習の到達度をみるために授業の最後に教師が実施して終わりというのではなく、そこでの評価は大学4年間を見通して一種の形成的アセスメントと捉えて、評価情報のフィードバックから次なる学びを方向付けるという考え方である。したがって、「公表された発展段階に分けたパフォーマンスの評価規準」、つまり、ルーブリックが教員だけでなく学生にも示され、自らの学びを評価する手がかりとするのである。その意味では、左欄に示す“能力に基づくカリキュラム”というアルバーノ大学の概念的フレームワークを学生が十分理解しておかなければならない。

(c)の「相互作用的な文脈と文化の統合」は、Ⓒの「相互作用する文脈と文化」が教員によってカリキュラムづくりの過程で考慮されたものであるのに対して、クラブ活動や儀式への出席や奉仕活動などコ・カリキュラム（co-curriculum）が持続的な学習に大きな影響を及ぼすこともあるように、学生が当該の授業以外で経験した事柄を指すが、そこから構築した学生の目的、観念、規準を理解するために、教員は、学生と相互に交流しなければならないということである。

(d)の「教育の想定と原理に関する概念的フレームワークの明瞭化」については、学習のフレームワークが指導や評価や助言や探究を枠付けしていくという考え方に立つと、教員と学生の間での話し合いを重視するということであり、そのことは(e)の「使命、ねらい、哲学の解明」にも通じる。すなわち、アルバーノ大学の使命やねらいや哲学を学生に公表し、周知徹底することは、学生を尊重し、高い期待を抱いていることであるが、学生にとっては自律的に学ぶことが要請されているのである。

最後に、(f)の「実施中のカリキュラムの学問性」については、「アクチュアルな学生の学習に対する反省は、その学問における基本的な考えが適切かどうかを吟味する刺激となる。そこから派生した洞察によって、学生の学習を直接改善することも約束される。」((Mentkowski et al., 2000, p.324) という言葉に代表されるように、教員から学生に一方的に教えるというのではなく、学生の学習から教員の研究の在り方の再考を促すという側面がある。

このようにアルバーノ大学は、破線が示すように、本質的要素の間でも相互作用が想定されているが、それぞれの本質的要素の内部でも相互作用があるという点に着目してカリキュラムづくりを行っている。図２−２の上半分の大学での学びと下半分の持続的な学びという２種類の学びにおいても相互作用ということが想定されている点も見落としてはならないであろう。

3. 小学校教員養成カリキュラム

では、アルバーノ大学の教員養成カリキュラムはどのようになっているのであろうか。教育学科のみで就学前と幼稚園及び小学校の免許が、他学科の応援を得て、中等教育の教科の免許が取得できるようなカリキュラムになっているが、ここでは小学校教員養成カリキュラムに限定して紹介する。

一般教育では８つの能力を据えていたが、教員養成においても、次のような教職に必要な５つの能力を明らかにして（Alverno College Institute, 2001, p.2)、表２−２の「コミュニケーション」ように、それぞれの能力を３つのレベルに分けたルーブリックも公表している（Diez, 1997, p.20)。

概念化：授業を計画し、実施するために、内容知識と教育フレームワーク及びリベラル・アーツの広い基礎に立つ理解とを統合する。

診断：学習の処方箋を決めて実行するために、観察された行動と関連したフレームワークを結びつける。

調整：学習ゴールを支援するために資源を効果的にマネージメントする。

コミュニケーション：言語的、非言語的、メディアのコミュニケーション様式を使って教室環境を確立し、学習を構造化し強化する。

統合的な相互作用：状況に応じた意思決定ができる専門職としての価値を持って行為し、学習者としての子どもが発達するために環境の変化する要求に適合させる。

これらの能力は、1970年代後半に教育学科の教員がリベラル・アーツの一般教育担当教員を巻き込んで委員会を設立し、関係文献だけでなく教育実習関連科目（授業実習を含む）や小学校及び中学校の教員との協働から経験的に得た教職能力の分析によって抽出したものである。

そして、1990年代以降、教職教育においてもそれぞれの能力に関して学生にも公表するようになり、学部４年の終了時までに左欄の「新任の教師に対する期待」にまで到達するように目標設定がされている。学部生の教員養成の実践を通して、「診断能力にさらに注意を払うべき」という反省も私の聞き取り調査で聞き出したが、一般教育でのコミュニケーションのレベルと比べて、教職能力としてのコミュニケーションのルーブリックとの異同を明らかにしよう。

専門教育で挙げた能力のうち、コミュニケーションは、第１章で紹介したように、能力としてルーブリックを公表して、一般教育では第４番目のレベルまでには達するように定め、教職の専門領域に進むと、二つの高等レベルを設定して到達させようとする。この一般教育のルーブリックと表２−２の専門である教職教育のルーブリックを比べると、互いの異同がはっきりしてくる。共通点としては、一般教育で育てようとする能力は、６つのレベルのうち少なくともレベル４までは到達することを、教職教育では新任教師と専門職途上教師と専門職到達教師の質的特徴のうち学部卒業時点までに少なくとも「新任教師に対する期待」までは能力を高めておくことを保障しようとして、常により上のレベルを見据えながら、達成レベルを設定していることである。そして、もう一つの共通点は、表２−３に示すように、教職教育においても、それぞれの授業科目は、これらの能力の一つ又は複数と関連付けられているべきであるとして、多様な授業科目を教員養成カリキュラムに凝集させようとしていることである。

表2−2　コミュニケーションのルーブリック

初任の教師に対する期待

声や身体を使って、今ここにいることと相手に関わっているという感覚をもたらす。
- 学習環境を確立するために(アイ·コンタクト、声を変えること、ボディランゲージ、動き、部屋の配置など)コミュニケーションを使い始める。
- 多様な集団では、コミュニケーションを合わせる必要性があることに気づく。
- 専門的文脈において自分のプレゼンテーション技能を演示する。

プレゼンテーションの支援として読み取りやすいメディアを目的的かつ巧みに使う。
- 学習ゴールを支援するために、メディアを選び、生み出す。
- 学習を促進するために、メディアとテクノロジー資源を使う。

文脈の内面化を示す。
- 学習活動のゴールをはっきりさせる。
- 次に特徴付けられたプレゼンテーションをする。
  —概念が明瞭である
  —情報が正確である
  —他に取りうる説明をする
  —聴衆を見て、適合させる
  —メディアとテクノロジーを効果的に統合する

自身の書き方と話し方における専門的としての質を演示する。
- 複数の場面ではっきり適切にコミュニケーションをする。
- 文章によるコミュニケーションでは適切な言語と様式を使う。

専門職途上の教師に対する期待

今ここにいることと相手に関わっているという感覚を効果的にもたらす。
- 多様な学習者の要求に気づいて、それに適合させる。
- プレゼンテーション技能において伸びたことを演示する。

子どもの情報処理の仕方に対して自覚を高めて、メディアの使い方を洗練する。
- テクノロジーを使って効果的な指導の手本を示す。
- 学習を支援するために、メディアとテクノロジーを選び、創造して、使用する。
- 情報を伝え、プレゼンテーションを高めるために、メディアとテクノロジーを統合する。
- 子どもがメディアとテクノロジーで相互作用する多くの機会を設ける。

内容と指導方略を連動させる手段を増やす。
- 発表相手の要求に対して様々な適合をさせる。
- 多くの異なる見方から概念や手順に対する簡単な説明をデザインする。

専門職の状況の至る所で効果的にコミュニケーションする能力を磨く。
- 新しい要求にコミュニケーションを合わせる際に、うまく適合させる技能を発達させる。
- 日常的にコミュニケーションを見直し、コミュニケーションを経験している過程で絶えず作り直す。

経験ある専門職の教師に対する期待

内容をコミュニケーションする手段として、物理的／対人的な環境を構造化する。
- 感受性豊かに、その存在を通して、自分も学習者として、また他人を教えることができるということを伝える。
- 多様な子どもに対する指導や学習を支援するために、今の環境を適合させる。
- 効果的なコミュニケーションを通じて、子どもを支援し、動機付ける。

多様なメディアを工夫して準備し、使用する際に、融通を利かせることができることを演示する。
- 多くの学習スタイルと様式(例えば、ビジュアル、口頭、身体的な学習スタイル)で刺激づける計画を立てる。
- 多くの子どもを満足させ、互いに新しい所に向かわせるために、複数のレベルがあるプレゼンテーションをする。
- 学習経験の準備と提供する際に、テクノロジーを使うことと統合させる。
- メディア·リテラシーの自覚を反映した学習経験をさせる。
- プレゼンテーション技能の成長を示す。

理論的経験的な仕方で内容領域／学問に対する理解を演示する。
- 学習者の経験にまで至りうるプレゼンテーションを適合させる。
- 情報と経験を複数の様式に翻案する。

効果的なプレゼンテーションで手本を示す。
- 複合した多面的な状況について理解していることを示す。
- 教育におけるテクノロジーの使用についてよく分かった上でコミュニケーションをする。
- 文脈の変化にそって効果的に適合させる。
- 専門的な文献を探して、専門職としての自己啓発を支援し、専門職に関連したプレゼンテーションで統合する。

他方、教職教育のルーブリックは、一般教育のルーブリックに比べて、はるかに詳細に教員として仕事をしていく上での質的特徴が述べられている。その点が異なっているということである。

一般教育に関しては、新入生は、この評価規準やルーブリックに慣れないので、教員が明示して、個々に評価することから始め、学生が慣れると、教員は評価規準をグループにまとめて、これらのグループとして評価を行い、教職専門に達した学生は、自分自身で能力像を描くようになると言われるが(Alverno College Faculty, 1994a, pp.31-33)、教職教育におけるルーブリックは、このような一般教育の指導の延長線上に位置づけられているのである。

さて、アルバーノ大学の教員養成カリキュラムは、次の３つの時期に分け

表２−３　授業科目の学習結果とその評価例

授業科目の学習結果の例	授業の学習結果に関する評価例
読み書き統合カリキュラムⅢ **(第６学期開講)**	学生は、小学校中学年(４年～６年)の実際の書き方のサンプルを評価するために、ルーブリックを創り、それを使う。 学生は、要求(needs)と強み(strengths)のある領域のサンプルを分析し、それに基づいて適切な指導方略を計画する。 学生は、他者と協働して学習指導案を作成する。 最後に、学生は、その課題のそれぞれの構成要素についての自分たちの努力を評価する。
学生は： □リテラシー指導を計画し、実行する際に学習理論を分析し、応用する。 □小学校中学年の子どもの読み書きの発達を評価し、適切な指導方略を処方する。 □読み方と書き方のワークショップの進め方の知識を使って、小学校中学年の学級でワークショップをする。 □小学校中学年の子ども向けの教科書と副読本を評価する。 □授業での書き方の過程を高めるためにテクノロジーを使う。 □洗練されたコミュニケーション技能を示す。 □授業のダイナミックスと実践の改善法に対する理解をしながら、授業研究の知識を演示する。	**良いパフォーマンスの評価規準** 学生は： ［**コミュニケーション**］ □書き方の過程を仲間で話し合ってよりよいものにする。 □小学校中学年の子どもの書き方に関連して、計画と実施と評価に関する自分の進め方を文章化する。 ［**診断**］ □子どもの書き方の強みと要求を満足させる目的で、発達段階と読み書きのパターンに基づいて、ルーブリックを創って使う。 □小学校中学年の子どもの読み書きの要求に合った効果的な方略を処方する。 ［**調整**］ □書き方を評価する時、他人と協働する。 □小学校中学年の子どもの指導計画を立てる時、他者と協働する。 ［**概念化**］ □授業を計画する際に、書き方と読み方をバランスよく理解し、その理解と読み手と書き手のワークショップとを統合する。 □読み書きと内容の授業計画を立てる際に、フィクションとノンフィクションのジャンルでの特徴と読み書き理論とを統合する。 ［**統合的な相互作用**］ □強みと要求についての過程評価に基づいて、子どものための指導計画を立てる。

て構成されている（Alverno College Institute, 2001, pp.8–10）。なお、「学期」とは半年間のセメスターのことである。アルバーノ大学では、入学時点では、教育学を専攻するかどうかは決まっていない。わが国のピーク制のように、1年次の終わり、つまり、2学期修了前までに教育学科に進むかどうかを申請するが、主専攻だけでなく副専攻も認めている。

【教職前：第1学期から第4学期まで】

最初の3つの学期では、学生は、リベラル・アーツの授業科目を受けて、知識だけでなくそれを使うという経験をする。そこで概念化の能力が発揮されよう。また、この時期、「フィールド経験」と称して実際に学校に出かけて、週当たり2～3時間、最低25時間は教室に居て、最初は学生が特定の一人の子どもを、次に子どものグループを、最後に学級全体を観察したり、指導することを計2回行うように求めている。その際に、一つか二つの能力のルーブリックから始め、徐々に数を増やしていくようにし、大学で学んでいる授業科目と関連付けるように指導教員が励ます。

1年次は、発達的に合った計画を立てる能力と傾性を育てる段階としており、学生は、不適切な行動をしない限り、フィールド経験をすることは拒否されないが、2年次になると、前年のフィールド経験や必修科目の不合格、その他の学修や行動上の問題があれば、フィールド経験に参加できない。

【教職教育：第5学期から第6学期まで】

学生は、教育学や心理学だけでなく各教科教育方法の授業も受け始める。それらの学んだ事柄を相互作用させて統合するようにしたり、学習指導案の中に生かすように指示される。例えば、第5学期最後には、学区の学校の教師の役割を装うような課題も与えられ、それをビデオ撮影した様子を小集団で話し合ったり、第6学期に開講されている「読み書き統合カリキュラムIII」の授業では、表2−3の「学習結果の例」に示すように、学生が学校に行って子どもたちを対象にワークショップをすることもある。

また、この時期に幼稚園や中学校などの異校種を含め、そして、学級運営や保護者対応や特別支援の子どもへの対処の仕方を含めて、さらに2回のフィールド経験をする必要がある。もちろん、そのようなフィールド経験や大学での授業によって一般教育の８つの能力について第４レベルまで達しているかどうかを示さなければならない。

そして、第６学期最後にこれまでの学習について指導教員との話し合いで授業実習に着手できるかどうかということに関して学生が選択したベスト・ポートフォリオ（best work portfolio）を手がかりに評価を受けた後、評価とインタビューの会（assessment/interview session）において実習校校長や実習担当教員からポートフォリオに関する強みや弱みなどの指導助言を指摘してもらい、実習校に行き、授業実習を行う際の留意点等の説明を受ける。

【教職実践の開始：第７学期から第８学期まで】

第７学期は、一般に９週間の授業実習を２回行うことによって、したがって、およそ学期をフルタイムに使って、一般教育の５つの能力や教職の５つの能力すべてが演示できるかどうかということが試される。それぞれの場合、最低４週間は、実習生自らが授業を行わなければならない。その様子は、メンター教師（cooperating teacher）だけでなく大学の監督教員（supervisor）によっても評価されるが、大学で監督教員による50分の授業実習セミナーが毎週開かれており、そこで支援や助言を受けることもある。そして、実習生は、自らポートフォリオを創って自己評価するようにも求められている。

なお、これらの授業実習の際には、知識とパフォーマンスと傾性からなる州相互新任教師評価支援協会（Interstate New Teacher Assessment and Support Consortium：INTASC）のスタンダードをそのままウイスコンシン州の教育開発・教員免許フレームワークにしたものを念頭に置いて行われる。

最後の第８学期は、「教育哲学」の授業を通して、これまでの学びから浮かび上がってきた考え方を教育現実に即して照らし合わせて、再考したり、修正したりする。また、「課題研究」の授業では、例えば、第６学期の「読み書き統合カリキュラム III」の授業よりも、授業実習を経験して、より広い視野で物事を捉え、リサーチできるようになっているので、その知見を生かして読み書きについての成果をまとめる。

以上がアルバーノ大学における教員養成カリキュラムの全体像である。学生は、フィールド経験や授業実習で『振り返りの記録』や実習生用ポートフォリオを作成するように要求され、大学の教員は、それぞれのフィールド経験において1回、2回に及ぶ教育実習でそれぞれ2回は観察するように定められている（(Zeichner, 2000, p.29)。

もちろんフィールド経験と授業実習を合わせた教育実習の総時間数は、ウイスコンシン州教育委員会が定める100時間を大きく越えている。その意味で、実践重視のカリキュラムと言えようが、次節に述べるように、理論との融合も果たそうという有効な手立ても講じている。

4. ポートフォリオによる理論と実践の融合

アルバーノ大学の教職や教科専門の授業科目には、別段目新しいものがあるわけではない。この大学の実践がユニークで高く評価されているのは、最終的な学習結果として指定した能力について“知っている”だけでなく“できる”という意味で、“学問をする”という根拠資料を大学の授業やフィールド経験で作成した指導計画と実施後の子どもの感想文、手紙、事例研究の分析、小論文、作成した教材、模擬の保護者会での対応を記したビデオテープなどの学習物から選択した“ベスト・ポートフォリオ”を軸に授業実習に着手できるかどうかを判断することである（Zeichner, 2000, p.26)。

わが国ではポートフォリオと言えば、子どもが総合的な学習で学んだものを時系列で丹念に収集して、そこに自己や他者の振り返りメモを入れた“過程ポートフォリオ”を思い浮かべやすいが、アルバーノ大学では、教職教育や一般教育で求めている能力に照らして、それを達成していると思うもっとも良いものをピックアップしてポートフォリオに入れ込むベスト・ポートフォリオを作成させている。そこには、“知っている”ことはペーパーテストで測定できるが、“できる”というパフォーマンスは、ペーパーテストでは評価できないので、ポートフォリオを使うと言うペーパーテスト以外の評価（alternative assessment）を採用するという考え方がある。

さて、教育学科の教員でカリキュラム論が専門のディーツ（Diez, M.）は、授業実習着手が可能かどうかを決める指導教員と学生との話し合いの様子をシナリオ風に描いている。2006年3月にDiezに直接会ってその内容について尋ねたところ、特定の学生ではないが、これまでの様々な学生指導を通して描いたものであって、単なるフィクションではないと言う。やや長くなるが、ベスト・ポートフォリオを巡って助言教員と学生とのやりとりを圧縮して要約すると、次のようになる（Diez, 2001a, p.67）。

フィリス先生は、事前に提出されたマリアの5学期半に及ぶポートフォリオを見て、最初のフィールド経験では彼女は無口で理論と実践の関連付けができなかったが、姿勢や声を正すように助言すると、うまくいったこと、Ⓓ一般教育と教職教育の教員からのフィードバックによって、Ⓔ電子ポートフォリオに時系列で記入された自己評価も「うまくいった」というような雑駁な文章ではなく、いかに課題を進めて、途中の障害も克服し、強みと弱みは何かということについてⒽ綿密に分析できるようになり、著しく伸びたことが分かる。

さて、マリアが息を切らせて研究室に入ってきて、二人の話し合いが始まった。マリアは、「5年の学級で行った理科の授業はⒶⒷ調べ活動中心のプロジェクトで、子どもの情報収集力がすごく伸びた点が誇りです」とⒷ授業ビデオを使って言う。確かに、子ども一人ひとりの強みや弱みも把握したⒻチャートもあり、Ⓑ多様な子どもの要求を考慮した次時の指導計画もある。

マリアは、Ⓙ大学のフレームワークにそって、様々な能力の達成を示す学習物をポートフォリオに入れており、「Ⓔすごく伸びたので、驚いています」と言う。フィリス先生は、彼女の学習物の分析の質が高いと誉めて、「そこを見たいのよ」と言った。

マリアは、主専攻が小学校教員養成で副専攻が数学であるので、Ⓘ教科の学習物でもⒻコンピュータ室でプリントアウトしたカラーのグラフや数学史の授業で使った図もある。ただし、「自信のないのは、『教育概論』の授業で作ったコンピュータベースの学習センターや社会科のシュミレーションゲームや図工でⒸ子どもと一緒に評価規準を作ってⒼ子どもが自己評価や相互評価した実践だわ」と言ったので、フィリス先生は、これらの学習物に対してⒹ担当教員からフィードバックされてきたコメントを見せて、もっと強調したい点を明確にするように述べた。そして、「教育内容と指導法との統合をしたものは？」と尋ねると、マリアは、Ⓕコンピュータによる問題解決の学習物を示した。

学習物に対する振り返りに話を向けると、マリアは、「Ⓔ振り返りを時系列で並べると、どれだけ成長したか分かるので、好きです」と言うので、フィリス先生は「そこが大事なのよ」と言いながら、Ⓖ学外の評価者が見やすいように、資料を付けておく必要があると助言した。

それから、フィリス先生は、オープン・エントリーと言って、自分のここを見て欲しいというⒾ学習物２つはどこにあるの？」と尋ねると、マリアは、「3年生と一緒に創った詩の冊子があるし、5年生と一緒に学校行事や授業について保護者向け広報として作ったホームページもあるけれど…」と言う。それで二人はこれらの学習物の良い点について長々と話し合った結果、Ⓕ詩は文章表現という点で各教科での学びにも通じるし、Ⓕホームページはテクノロジーが使える証拠にもなるので、Ⓔポートフォリオに入れておこうということになった。

また、先生は、マリアが用意したⒻフィールド経験やボランティアで係った学校におけるⒽ『振り返りの記録』に目をやって、マリアはスペイン系だから、Ⓓ綴り字や文章表現にやや拙いところがあると指摘すると、彼女は、他の学習物も見せて、現在も努力中でさしたる問題ではないと主張したので、それを認めて、授業実習着手に問題がないと判断した。

そして、最後に、フィリス先生は、外部の評価担当者であり、Ⓖポートフォリオ・インタビューに出席する予定の校長先生の名前と連絡先をマリアに教え、実習校に行く際の留意点を話し、ウイスコンシン州でⒻ小学校教師向けに求めている州テストの受験申込書にサインをさせて、その準備にも怠りのないように注意して、互いの話し合いは終わった。

ここで下線にアルファベットを付したのは、ディーツが次のようにアルバーノ大学の教育実践を特徴づけたものである（Diez, 2001a, pp.69-71）。

Ａ．明示的な結果

Ｂ．パフォーマンス

Ｃ．公表された明示的な評価規準

Ｄ．フィードバック

Ｅ．自己評価

Ｆ．複数の学びの回数とか様式とか文脈

Ｇ．評価の外部性

Ｈ．発展段階の表示

Ｉ．学びの累積

Ｊ．学びの拡大

このように、学生は、自ら作成したベスト・ポートフォリオを指導教員に見せながら、授業実習に着手できることを根拠づけたり、指導教員から助言を受けて、自分の力量をより確かな形で演示していき、その中で大学の授業で座学的に学んだ“理論”とフィールド経験や授業実習を通して培った“実践”を融合させていくのである。その中心には、学部入学時から使ってきた電子ポートフォリオと授業実習で作成した実習生用ポートフォリオが据えられている。そして、ここでも教師と学生の間の相互作用が頻繁に交わされており、隠されたカリキュラムもこれらのポートフォリオを通じて目に見えるようにされているのである。

ところで、ディーツは、このような教育実践を「発達のための評価」と呼び、次のように特徴づけている（Diez, 2001b, p.34）。

1．広範囲のスタンダードが示される。そうすると、長期にわたる複数の評価様式が適用することができる。

2．教員志望の人によって、同じ人でさえ様々な条件は、時とともに変わる。

3．教員が教員になるように促したり、対応する仕方に標準化された方法はない。教員は、教員志望者の要求を満足させるために評価を絶えず行い、評価をする過程で、洗練させていく。

4．評価は、長期にわたって行われるのであり、修正することがあってよい。

5．評価の過程は、「累積的」であって、学生が学びの過程で生まれた学習物は教員志望者のパフォーマンスに関する豊かな像を描くのに役立つ。

6．教員志望者と一緒に仕事をする教員は、互いの理解を共有し、評価規準を適用する専門的判断を発達させる。

7．フィードバックが教員志望者のパフォーマンスを改善する手段である。

8．自己評価は、教員志望者の学習にとって重要な過程である。

これを前述のアルバーノ大学の教育実践の特徴と比べると、1はF、2はFとI、3はCとDとG、4はDとIとJ、5はAとBとI、6はCとEとH、7はD、8はEにおよそ対応しているであろう。

ところが、ディーツによれば、現実には次に示すような大規模評価（high-stakes assessment）をしていることも多いと言う（Diez, 2001b, p.32）。

㋐ 何が重要で、最も効果的に測定できるのかということに基づいて、スタンダードの様々な側面のみを選ぶ。

㋑ 評価は、所定の条件下で行う。

㋒ 学生の反応を誘い出す手立てと様式を標準化する。それを開発、試行、実地テストを通して生み出す。

㋓ 反応を誘い出す手立てと様式は、「絶対確かなもの」でなければならない。

㋔ 評価は、特定の決められた時にのみ行うものである。

㋕ 評価は、成績を判断する意味で「総括的」であって、教師志望者に資格を付与するか、免許を授与するかを決める分割点で行う。

㋖ 分割点は、評価者の訓練と信頼性確保のための措置が取られる過程を通して決められる。

㋗ 教師志望者は、どのような詳細なフィードバックも受けない。

しかし、ディーツは、このような大規模評価を採用すると、そのスタンダードを達成するために授業の課題をできるだけ細分化し、総括的評価まではどのような評価も行わない“還元主義”に陥ると批判する（Diez, 2001b, p.44）。その結果、内容を大きく捉えて、パフォーマンスを発揮させるというよりむしろ州テストが唯一絶対的なスタンダードとなって、テストの点数を上げるためだけの授業が多くなってきているとも言う（Diez, 2000, p.49）。

とすれば、1980年代のコンペテンスに基づく教育と同じような授業の瑣末化、断片化に至ることになろう。そのような弊害を避けるために、大きな課題で息長く教育実践をパフォーマンスも交えて評価し、フィードバックを頻繁に入れて、新たな学びを生み出す「発達のための評価」が求められるようになったのである。

実は、本章の冒頭に紹介したNCATEは、1980年代半ばまでは知識を基礎にしており、教員志望者のインプット重視のアプローチをとっていたが、2000年になって、学習結果に対するパフォーマンス評価にシフトして、前述の１から８のように、「第一に、教員養成の教員は、複数の方法とアプローチを使い、指導と改善のための評価データを使って、長期にわたって教員志望者を評価し、第二に、教員養成カリキュラムは、教員志望者が教える幼稚園から高校までの子どもの学習に影響を及ぼすことを示す手立てをもっていなければならない。」（Diez, 2001b, p.31）という考え方に立つようになった。その転換に当たって、アルバーノ大学の教育実践が参考にされたことは言うまでもない。

とは言え、ディーツは、大規模評価を全面的に否定しているのではない。本節に紹介したポートフォリオを介した大学教員と学生との話し合いの最後に州テストを受けさせているように、大規模評価だけに囚われるのではなく、発達のための評価とのバランスを保つことが大切であるということである（Diez, 2001a, p.76）。端的に言えば、知識については、州テストのような大規模評価に任せ、パフォーマンスや傾性については、ポートフォリオに委ねるという評価の役割分担が必要であるということではないだろうか。

5. わが国の教員養成カリキュラムへの示唆

このようにアルバーノ大学の教員養成カリキュラムを紹介すると、この大学は、人的物的資源が豊かだからできることではないか、という思いを抱く人もいるかもしれない。しかし、アルバーノ大学教育学科の研究・教育に関わる常勤教員は15名で、教育に係る兼担教員が35名という小さな研究組織で約100名の教員志望学生を担当しており、常勤教員は、毎学期12単位の授業負担と毎週最低2時間の学科の会合参加、一般教育のいずれかの能力に関する委員会への参加、カリキュラムの節目に定められた評価を行うことを義務付けられ、8月と1月には3～4日、年度末の5月には1～2週間の教員研修を学内で実施しており（Zeichner, 2000, pp.12-13）、財政的にも豊かでもないこともあって、決して良い勤務条件ではない。

したがって、アルバーノ大学の人的物的条件は、わが国の小規模の教員養成学部や教育学科と大差がない、あるいは、それ以下であろうと思われる。それにもかかわらず、この大学の小学校教員養成カリキュラムの事例研究をしたウイスコンシン大学マディソン校のツィヒナー（Zeichner, K.）によれば、「教員がかなりの時間を学生について知り、学生の要求に対応し、絶えずカリキュラムを改善しようと時間を費やし、（略）一人ひとりの学生の強みと弱みに対する教員の知識は包括的で顕著である。」（Zeichner, 2000, p52）と言う。

わが国においても教員養成学部以外の学部の導入教育において、このような個に応じた学生の指導に対する真剣な取り組みが必要なのではないだろうか。とりわけ、最近では、授業実習に行くと、教科の学力が足りない、子どもへの接し方がなっていない、などの問題が噴出し、実習校は大学にその事前の対処を求め、大学は、学生の自覚の不足を嘆き、学生は、受けてきた大学教育が役立たないと感じ、授業実習に対して自信を失い、時には途中放棄ということも珍しくなくなってきた。

この問題解決の一つの方途は、授業実習着手の判定は、所定の単位を満たしているかどうかによって機械的に決めるのではなく、指導教員と学生との間でポートフォリオを介した話し合いを行い、実習校にもその学生の強みと弱みを分かっていただくような場を設けることが必要ではないだろうか。

教師としての力量は、ペーパーテストのみによって判断できるものではない。筆者は、授業実習についてこれまで教育実習生用ポートフォリオの導入を行ったこともあるが（安藤, 2001）、授業実習だけでなく学部入学時点からのポートフォリオの導入が不可欠であるように思う。

その前提として、具体的には、NCATE や INTASC のような教員養成のカリキュラム・フレームワークを整備し、卒業時の学習結果を明示して、保障する必要がある。そのためには、教員として必要な能力に関するルーブリックを示し、学生に目的を持って責任意識的な学びをさせる必要があろう。さらに、学校とのフィールド経験をもっと豊かにして、大学の授業との連携を強めなければならない。

引用文献

安藤輝次（2001）「教育実習生用ポートフォリオ：その成果と課題」『福井大学教育地域科学部自然総合センター年報』第4号。

Alverno College Institute（2001）*Ability-Based Learning Program Teacher Education*, Alverno College Institute.

Alverno College Faculty（1994a）*Student Assessment as Learning at Alverno College*, Alverno College Institution.

Alverno College Faculty（1994b）*Ability-Based Leaning Outcomes : Teaching and Assessment at Alverno College*, Alverno College Institutions.

Diez, M.E.(1997)“No More Piecemeal Reform : Using Performance-Based Approaches to Rethink Teacher Education”Action in *Teacher Education*, Summer, Vol.XIX. No.2.

Diez, M.E.(2000)“Teachers, Assessment, and the Standards Movement”, *Education*

Week, May 3,2000.

Diez, M.E.(2001a) "How Will Teacher Education Use Assessment ?", in Lissitz,R.W. & Schfer, W.D.(Eds.) *Assessment in Educational Reform : Both Means and Ends*, Allyn and Bacon.

Diez, M.E.(2001b) "Assessing Student Competence in Teacher Education Programs", in Palomba,C.A. and Banta,T.W. (Eds.) *Assessing Student Competence in Accredited Disciplines*, Stylus Publishing.

Mentkowski. M. et al.,(2000) *Leaning That Lasts*, Jossy-Bass Publishers.

Zeichner, K.(2000) "Ability-based Teacher Education : Elementary Teacher Education at Alverno College", in Darling-Hammond (ed.) *Studies of Excellence in Teacher Education : Preparation in the Undergraduate Years*, American Association of Colleges for Teacher Education and National Commission on Teaching and America's Future.

第3章
ルーブリックの学習促進機能

すでに述べたように、ルーブリックには、成績評価だけでなく学生の学びの途上で出来・不出来を確認した後、授業改善に役立てたり、学びの方向づけをする、つまり、形成的アセスメント（Formative Assessment：FA）による学習促進機能がある。しかし、そのようなことを大学教育実践で着目したり、明らかにした研究はほとんど見当たらない。

確かに、最近、大学にルーブリックが導入されるようになってきた。その契機となったのは、全米大学・カレッジ教育協会（AAC&U）が2007年に提唱し、2011年時点ではアメリカの国内外数千の大学で参考にされ、修正して採用されている「学部生における学習の妥当な評価（Valid Assessment of Learning in Undergraduate Education：VALUE）のルーブリックである（Rhodes and Finley, 2013, pp.7-11）。松下佳代氏（京都大学）によれば、VALUEルーブリックは、図3－1のタイプIVに位置づけられるが、「ルーブリックには質を量に変換する働きがあるため、その射程はタイプIIIにも及んでいる」と言う（松下, 2014, p.238）。IIの調査やIIIのテストは、数字で表せる“量的評価”と言ってもよいものであり、IやIVは、数字では表せない“質的評価”であって、ルーブリックは、パフォーマンス評価、ポートフォリオ評価、真正の評価などを測る道具なのである。

さて、松下氏は、VALUEルーブリックには、大学の特性によって修正付加を求めているが、あまり手直しをしすぎると、比較可能性が担保されなく

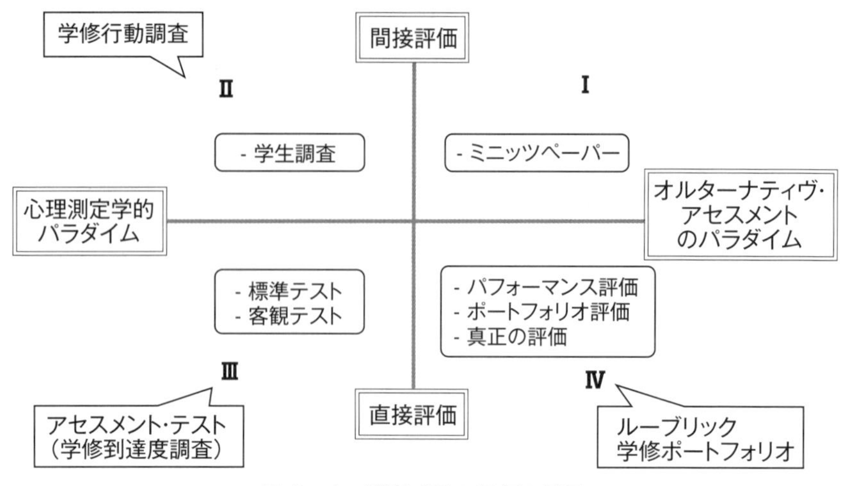

図３−１　学習成果の評価の構図

なり、知識との関連付けという課題も解決しなければならないと指摘した後、新潟大学歯学部で実施した問題に基づく学習（PBL）にその問題解決の道を見出そうとした（松下, 2014, pp.245-246）。ただし、ルーブリックで取りあげた規準を紹介しているだけで、各レベルの評価指標もなく、詳細な実践報告もないので、ルーブリックを学習促進的に使ったのかどうかは明らかではない。

私は、最大190数人の授業でも、ルーブリックを中間レポートで適用し、その評価と欄外に書いたコメントを学生に返して、最終レポートづくりの方向付けとした授業実践をしたことがある。この手法をとれば、学生たちの最終レポートは間違いなく向上した。つまり、ルーブリックには、学習促進機能があるという感触があった。ルーブリックの機能は、成績評価のための採点ルーブリックだけではない。私が足らなかったのは、そのようなルーブリックの使い方をするための明確な理論的根拠であった。

本章では、ルーブリック導入の歴史が30年以上に及ぶというアメリカの研究成果を辿りながら、ルーブリックの本質とその活用をめぐる問題を押さえ、それから形成的アセスメントとそこから派生した「学習のためのアセスメント（assessment for learning : AfL）」におけるルーブリックの学習促進的な実践を紹介したい。なお、本章では、小学生から大学生まで触れるので、彼らを併せて「学習者」という言葉を用いることとする。

1. ルーブリックとは何か

教育用語としてのルーブリックの恐らく最も古いルーツは、1980年代半ばから10年以上にわたって全米の小中高の先生の間で試行・修正が続けられてきた“書き方の特性（writing traits）6 + 1”であろう。その中心的な役割を果たしたのがオレゴン州ポートランドにある北西地域教育実験所（Northwest Regional Educational Laboratory : NWREL）の研究者であり、彼らは、包括的で正確かつ信頼でき、教師だけでなく子どもにも分かりやすい書き方の特性を抽出し、質的な違いを明示した採点ガイドを作成した（Culham, 2003, pp.10-11）。ここにいう特性とは、評価規準であって、それを括弧内で補足説明しながら紹介すると、①アイディア、②構成、③（心の底からの）ボイス、④言葉の選択、⑤文章の流暢性、⑥（句読点や大文字などの）取り決めの６つであり、その後、プラス１として⑦プレゼンテーションが付け加えられ、各特性の質的な違いを３つのレベルに分けて記述していた。

そして、NWRELに勤務していたアールター（Arter, J.A.）やカルハン（Culham, R.）たちは、1992年11月から1993年4月までの間、小学５年生にこの書き方ルーブリックを適用し、サンプルも示しながらレベルのイメージを描かせ、学習途上で子どもが自己評価や相互評価をし、これからの書き方の改善策を考え、書き直していく実験群とこのようなルーブリックを使わないで通常の書き方の授業をした統制群を比較する研究を行い、事前と事後の書き方のルーブリック評価を比較した結果、実験群のほうが①②③④で統計的に有意に優れていたと言う（Arter et al.1994, pp.2-5）。

1980年代後半以降、ペーパーテストへの批判が高まり、パフォーマンス評価が注目されるにつれて、書き方の特性6＋1以外に様々なルーブリックが開発され、図書や論文等でも発表されるようになる。その際、ポプハム（Popham, J.）が指摘したように、「教師は、短答のように、生徒たちが解答した内容を判断するためにルーブリックを滅多に使わなかった。もちろん、ルーブリックは、多項選択式テストでの採点には必要ない」（Popham, 1997, p.73）のであり、パフォーマンスによる学びを評価するための道具としてルーブリックが登場したという点を押さえておきたい。

ところが、商業出版社が特定の学習課題に的を絞ったルーブリック、つまり、課題特定的なルーブリック（task specific rubric）を設けて自らが出版している標準テストの採点の道具として組み込もうとするにつれて、ルーブリックの採点機能の厳正さばかりに目が向けられ、ルーブリックを通して指導や学習をするという機能が軽視されるようになったのである。

例えば、マービー（Marby, L.）は、「採点用ルーブリックは、書き方における大規模のスタンダードに基づくパフォーマンス評価を操作する軸になり、標準化された採点によるパフォーマンス評価の信頼性を高めるが、書き方を標準化している」と述べ、書き方が自分の思いを表現し、個性的であることを疎外すると批判した（Marby, 1999）。ハルデン・サリバン（Halden-Sullivan, J.）は、1997年に全米大学のカリキュラム横断的な書き方の会議で、「深い学習への新たな道」が模索されているにもかかわらず、そこで行われていたワークショップで使ったルーブリックが、事実上、チェックシートになっていると批判した（Halden-Sullivan, 1993, pp.25-26）。さらに、2000年10月24日付けのワシントンポストは、書き方ルーブリックを使用したが、子どものボイスやユーモアが打ち消され、創造性を阻害しているという小学校教員の声を掲載した（Washington Post, 2014, online）。

進歩主義教育の立場から児童書を数多く出版し、教育に対する発言の影響力も大きいクーン（Kohn, A.）は、論文「ルーブリックをめぐるトラブル」において、その問題点と意義について論じている。それを要約すると、次のようになる（Kohn, 2006, pp.12-14）。

以前は文字や記号で記してきた成績評価が、今はルーブリックでなされており、「これは良い」と思っていたが、最近ちょっと考えが変わってきた。確かに、ルーブリックは、保護者懇談会で、教師の自己正当化の手段になり、成績評価の合法化の手立てになるのかもしれない。とすれば、マービーが言うように、ルーブリックに固執しすぎて、空虚な書き方になるのではないか。このような疑念を禁じ得ないが、もしも学習者にルーブリックを与えて、それをナビにして学びを展開するのならば、話は別である。学びの質は、ルーブリックで見た評価規準ごとの質的レベルの部分の集合体以上であるということを念頭に置き、ルーブリックが（1)子どものランク付けをしたり、(2)学習への外的な動機付けにするというのではなく、(3)今の子どもの学習レベルを熟知し、次の学びのためのフィードバックに役立つと捉えるならば、ルーブリックは学びの質を評価するための優れた道具になるだろう。

「ルーブリックとは何か」ということは、このようなクーンの言葉やアルターたちの書き方のルーブリック実践の研究からイメージできるように思う。そこで留意すべき点は、第一に、学習者もルーブリックを使えるようにならなければならないということである。第二に、ルーブリックは、成績評価よりむしろ学習過程で、特にフィードバックとして使うことに意義深さがあるということである。第三に、私もこれまでのルーブリック実践で痛感しているが、それぞれの評価規準の質を上げて、目標つぶしのようなことをしても、学びの質全体を評価したことにはならないということである。

ルーブリックについては、これまで様々な定義がなされてきた。例えば、商業出版社がルーブリックを定義すれば、特定の領域にのみ適用でき、点数化することに重きを置いたものになる。ペーパーテストでは測れない学びを測る道具としてルーブリックが生まれたことを理解していなければ、チェックリストのような定義になろう。しかし、そのような定義は、草創期のルーブリックや論争における議論を振り返るならば、明らかに間違いである。

さて、アルターとマックタイ（MacTighe, J.）は、共著書の中でルーブリックについて、次のように定義した（Arter and MacTighe, 2001, p.8）。

「ルーブリックは、評価規準のために書き下したものであり、すべての採点ポイントを記述し、定義している。最高のルーブリックは、教師が質を判断するときに見える事柄の本質を言語化したもので、良いパフォーマンスの構成要因に関してその分野ににおいて最も考え抜いた事柄を反映している。」

ルーブリックの初期の定義としては、ウイギンス（Wiggins, G.）が1998年の著書『教育的アセスメント』に見出されるが、その定義では、例えば、9から8のレベルを一つにまとめるというように、評価指標（indicator）に対する言及の仕方が曖昧であった（Wiggins, 1998, pp.154-155）。したがって、今日でも通用するという意味で最も古いルーブリックについては、私が調べた限りでは、上述のアルターとマックタイの定義であるように思う。ただし、アルターとチャピウス（Chappius, J.）は、2006年の共著でルーブリックを「子どもの作品やパフォーマンスを判断する評価規準を書いたものであり、良いルーブリックは、判断のレベルと評価指標で明示し、パフォーマンス課題とパフォーマンス評価の二つからなる」と定義したが（Arter and Chappius, 2006, p.163）、ブルックハート（Brookhart, S.M.）は、ルーブリックに学習課題まで含めると、学習結果を評価するという本来の趣旨から外れるので、適切ではないと批判する（Brookhart, 2013, p.17）。確かに、課題には、指示が多く、チェックリストで押さえたかどうかも確認できるが、その課題を行う過程で学んだ事柄すべてまでカバーできている訳ではないから、この区別は必要であろう。そして、ブルックハートは、「ルーブリックとは、子どもの学びに対するひとまとまりの評価規準を集めて、その規準についてのパフォーマンスの質に関するレベルの記述をしたものである。」と定義し、パフォーマンスとは、表３−１のように、過程と作品に分けるとみなした（Brookhart, 2013, pp.4-5）。

このようにルーブリックは、主にパフォーマンスを評価するために使う道具であるが、その背景には、アメリカの州では、少なくとも内容知識とパ

表３−１ ルーブリックで評価できるパフォーマンスのタイプ

パフォーマンスのタイプ	例
過程 ・身体技能 ・器具の使用 ・口頭コミュニケション ・学びの習慣	・楽器を演奏する ・前転をする ・顕微鏡のスライドを準備する ・学級の前でスピーチする ・音読する ・外国語の会話をする ・一人学びをする
作品 ・構成した事物 ・書面の小論文、報告書、学期末レポート ・概念の理解を演示する他のアカデミックな作品	・木製の戸棚 ・議論をまとめたもの ・手作りのエプロン ・水彩画 ・実験報告書 ・シェークスピアの日に劇場の会話に関する学期末レポート ・マーシャルプランの効果に関する書面の分析 ・ある構造（原子、花、太陽系）に関するモデルや図式 ・観念マップ

フォーマンスの二つを定めた公立学校向けのスタンダードがあるので、各学校の教師は、州で定めたパフォーマンスの基準を満たすために、ルーブリックを活用しようというニーズがあることを忘れてはならない。

2. 大学における学習結果とルーブリック

アメリカの大学は、全米や各州のスタンダードを持たない。その問題を全米大学・カレッジ教育協会（AAC&U）の16のVALUEルーブリックは、次のように解決しようとした。まず最初に、AAC&Uは、21世紀に不可欠な学習結果を検討した結果、①人間の文化と自然界の知識、②知的実践的な技能（探究と分析、批判的創造的思考、文章や口頭のコミュニケーション、量的リテラシー、質的リテラシー、情報リテラシー、チームワークと問題解決）、③個人的社会的な責任（地方やグローバルな市民の知識との関わり、文化相互の知識とコンピテンス、倫理的推論と行為、生涯学習の基盤と技能）、があり、これらの３点は④総合的応用的な学習（一般教育や専門教育を通して総合されたものや高度な達成）を通して学ぶことになると捉えた。

AAC&Uは、どの大学の学部段階でも共通に確保すべき学習結果として、これら4つの領域を確認し、②の知的実践的な技能を細分化した16のルーブリックについて100以上の大学で試行した後にでき上がったものをネットで公開し、大学の実情やニーズに応じて、修正加筆をすることを促したが、その際に、VALUEルーブリックは、次の5点を想定して創ったという(Rhods, 2007, p.2, p.21)。

㋐ すべての学生に対して高い質の教育を達成するために、計画・指導・改善を導くための妥当な評価データを示す。

㋑ 現在利用できる標準テストでは測ることができない本質的な学習結果を育成し、評価しようとする。

㋒ 学習は、時間をかけて伸びるのであり、学生は、自分のカリキュラムや課外活動を通してさらに複雑で洗練した学びを展開しなければならない。

㋓ 優れた評価実践は、時間をかけて複数の評価方法を使っている。そのためには、電子ポートフォリオは、有効で、自己評価力も育成できる。

㋔ 電子ポートフォリオに収めた学生が学んだ成果物（以下「学習物」と称す）の評価は、大学のカリキュラム改訂のための情報を提供することにもなる。

16あるVALUEルーブリックのうち評価規準の数が4つあるルーブリックが1つで、残りのルーブリックは、5つか6つの評価規準であり、いずれも最下位のベンチマークから最上位のキャップストーンまで4つのレベルに分けて、評価指標を記している。したがって、ブルックハートの定義は、「子ども」を「学生」に置き換えれば、VALUEルーブリックでも通用する。つまり、ポップハムが指摘し（Popham, 1997, pp.4–5)、レディ（Reddy, Y.M.）も賛意を示しているように（Reddy, 2007, pp.4–5)、ルーブリックは、評価規準を絞り込み、それぞれの規準についてどれ位の質かということを明確化し、採点だけでなく学びの過程でも使うものなのである。

ただし、ルーブリックを導入すれば、教育効果が上がる訳ではない。教師中心で成績評価に傾斜したり、商業出版社のように大規模テストと関連づけると、本来の趣旨とは反対に、学習者の自由な学びを抑圧することもある。学習過程におけるルーブリックの活用法がポイントになるが、そこで手掛かりになるのがFAから転じてアメリカで広まっているAfLの考え方である。パナンドロ（Panadro, E.）は、2001年から2011年までの小学校から大学までの21のルーブリック研究を検討した後、ルーブリックを形成的に使えば、図3−2のような教育効果があると述べた（Panadro, 2003、p.139）。

ここでルーブリックによる採点は、学習の最後ではなくて学習の途上で、評価規準を含めたルーブリックを学習者とも共有して、期待する事柄を周知徹底し、“透明性”を保つという点に留意したい。そうすれば、学習者は、自己有能感が改善し、フィードバックの意味を省察し、課題の計画にも関わり、学習の進み具合をチェックし、学習物の吟味もする。他方、透明性を確保すれば、学習者が途中で遂行することを取り止めたり、中断することが少なくなるという“自己調整の低減”になり、学習不安も減る。ただし、その際には、メタ認知活動と組み合わせることが必要であり、大学生は、ルーブリックを使用した期間は少なくても、比較的うまくいくが、小中高の学習者には、使用が長くなればなるほど、教育効果も上がり、どちらかと言えば男子より女子のほうのパフォーマンス改善の効果が大きい。要するに、様々な評価法で調整するという意味でのモデレーションによって効果が変わってくるというのである（Panadro, 2003、p.138）。

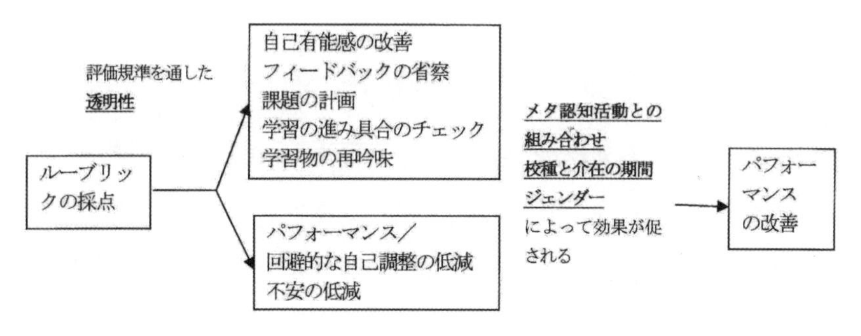

図3−2　ルーブリックとパフォーマンス改善のモデレーション効果

このようにルーブリックを適用すれば、いつでも教育効果が上がるという訳ではない（Panadro, 2014）。教師は、目標に接近させるという形成的な意識を持って、どのようなルーブリックをどのような場面で使うのかという枠組みを見据えておかなければならないのである。

3. 形成的アセスメント（FA）から学習のためのアセスメント（AfL）へ

ロンドン大学のブラック（Black, P.）とウイリアム（William, D.）は、1998年の共著論文「ブラックボックスの内部」において、サドラー（Sadler, D.R.）の研究を手掛かりにして、学習者の達成に関する膨大な数の文献をメタ分析した結果、フィードバックによる学びや授業の方向付けを軸とするFAを使えば、テスト学力が向上するだけでなく、学習意欲も高まることを明らかにした。そして、1999年、イギリスの政府政策提言グループであるアセスメント改革集団（ARG）は、FAでは、学習後の評価のニュアンスが強くなるので、むしろ「学習のためのアセスメント：AfL」と表現するほうが適切であると述べ（Assessment Reform Group, 1999, pp.4–5）、2002年のパンフレットにおいて、AfLを「学習者と教師が(a)学習者が今学んでいる場所と(b)次に進む必要のある場所と(c)そこへ行く一番良い方法を決定する際に使う証拠を追求し、解釈する過程である」と定義した（Assessment Reform Group, 2002, p.2）。

なお、ウイリアムは、(a)(b)(c)の分類をさらに入念化して、FA又はAfLの論文や図書を数多く発表した。そして、彼は、評価という印象を与えかねないアセスメントを付したFAよりも、AfLのほうが教師は指導に立ち戻ることができ、学習者は学習改善に関わるので好ましいと述懐している（William, 2011, p.11）。さらに、形成的評価を唱道したブルーム（Bloom, B.）は、フィードバックが学習者の学習を改善し、学習意欲を高めるものであるにもかかわらず、フィードバックを矯正と捉えているが、その点が学びの展開の自由度も大きいAfLとの大きな違いであると言う（William, 2011, pp.4-5）。

ところで、アメリカでは、2002年1月、ブッシュ, G.W. 大統領が「適正年次進捗度と測定のための年次テスト（adequate yearly progress : AYP）」を受けることを義務づけた「落ちこぼれをなくす法（No Child Behind Left Act：NCBL法）」に署名し、9月の新年度から施行された。

そのような教育動向を見据えて、スティギン（Stiggins, R.）は、ファイ・デルタ・カッパン（Phi Delta Kappan）誌の2002年6月号で、「評価の危機：学習のためのアセスメントの欠如」と題する論文を発表し、ブラックたちの1998年論文や翌年のARGの論文を引用しつつ、「学習に関するアセスメント（assessment of learning：AoL）」である年次テスト（AYP）によって総括的な結果を評価することはしっかり位置づけられているが、これだけではテストが出来る子は自信を得て、動機付けにもなるものの、出来ない子にとっては自信喪失に繋がり、学習意欲も失うことになりかねないと批判し、日々の授業で展開されるAfLを導入して、総括的な評価を意味するAoLとのバランスを保たなければならないと訴えた（Stiggins, 2002）。そして、これを契機に、アメリカでは、AfLに関する研究と実践が広く行われるようになる。

その中心になったのは、スティギンが代表を務め、アールターも所属するオレゴン州ポートランドにあるアセスメント研修センター（ATI）であった。スティギンは、1990年代初めから、教師が子どもの学びを評価するだけでなく子どもを巻き込んだ相互作用的な評価をいかに導入するのかということに主たる研究関心を抱いてきた。その問題意識にAfLの考え方がうまく合致したのである。とは言え、教師の指導性を確保しながら、学習者の協働的な学びを組み込んでFAを推進する人々もいる。次節では、これらの展開の中でルーブリックの学習促進機能をどのように位置づけているのかを見てみよう。

4. ATIの7方略

サドラーは、1998年のブラックたちの論文から今日までのFA及びAfLに関する大学教育の研究を振り返って、初期には、テストで測れるような知識へ力点を置いていたが、その後、複合的な課題を評価することに変わってきたと指摘した（Sadler, 2010, p.535）。ただし、アメリカでは、初等中等学校におけるテストでは測れない能力をルーブリックで評価しようという長い歴史があったので、ルーブリックをAfLに組み込むということは、自然な成り行きであった。

スティギンは、大学院時代に教育測定を専攻した後、大学やNWRELなどに勤め、教育コンサルタントとして評価に関する知識を蓄積してきたが、学習者の動機付けが学習成果に大きな影響を及ぼすことや（Sadler, 2007, p.60）、低学年児では、数字や記号による成績評価よりむしろ記述的説明のほうが有益である（Sadler, 2005, p.40）、ということを娘の父親としての体験からテスト中心に偏ることの危険性に気付くようになった。そして、彼は、前述の2002年の論文を発表した頃は、イギリスの新しい評価動向に着目した程度であったが、その後、ATIのスタッフと協働でAfLに焦点化しながら、アメリカにおける評価研究をリードしていくようになる。

まず、彼は、2004年の論文において、大規模テストは、出来ない子どもを支援する環境がなければ、有害無益であり、年間1回のテスト専門家が作成したテストを実施しても、テストの成績がアップしないだけでなく学習意欲を削ぐと主張した（Stiggins, 2004, pp.23-24）。そして、2004年、ATIのスタッフであるアルターやチャピウスとの共著『生徒学習のための教室評価』を出版する。そこでは、それぞれの教師の学校や教室は個性的であり、修正を加える必要があるため、ワークショップでは対応できないと批判し、対案としてチームで取り組むことを推奨し、前節に述べた(a)(b)(c)の3つの領域にAfLの7方略を組み込み、パフォーマンス評価にルーブリックを位置づけた（Stiggins et al., 2004, p.201-229）。しかし、標準テストや成績評価まで網羅的にカバーしたため、AfL に特有な方略の全体像を明確に打ち出せなかった。スティギンは、その後も雑誌論文を中心に多くの著作を発表するが、とりわけ、FA は、もっと頻繁にテストを実施することやデータを効果的に管理することとも受け取られ、用語的に適切ではないので、AfL という表現を使うと述べ（Stiggins, 2005, p.326）、それは、ブルームが提唱した形成的評価（formative evaluation : FE）と同じように受け取られかねない FA とは、次の点で異なっていると主張した（Stiggins, 2005, p.2）。

「FA は、より頻繁に行うが、AfL は、継続的に実施する。FA は、教師に証拠を提供するが、AfL は、学習者たちに彼らに関する情報を提供するのである。FA が州のスタンダードを誰が満足し、誰が満足していないのかを述べるのであれば、AfL は、一人ひとりの学習者が学びの途上で、それぞれのスタンダードをどれほど満たす方向でどの程度進んでいるのかを述べている。」と。

このように FA を形成的評価と同じような意味合いで使うことは、ウイギンスにとっては、心外であろうが、彼でさえ、今日では「ポール・ブラックと私が犯した大きな間違いは、これを『アセスメント』と呼んだことである」とタイムズ誌（2012 年 7 月 13 日）で吐露しているように（Clarke, 2014, p.5）、現実には、FA と形成的評価の混同が生じていたことは間違いない。

さて、チャピウスは、2005 年にスティギンとの共著論文で達成のギャップを縮小するために子どもを関与させる必要性を論じ（Stiggins andChappius, 2005）、別の単著論文で ARG の(a)(b)(c)を念頭に、Ⓐ私はどこに向かっているのか、Ⓑ私はどこにいるのか、Ⓒどのようにギャップを縮小するのか、という３領域に分けて、子どもがアセスメントを理解するための７つの方略を示した（Chappius, 2005）。そして、これを膨らませたのが 2009 年の著書『学習のためのアセスメントの７方略』である。この図書がスティギンとの共著書と違うのは、７方略を表３−２の３領域に振り分けるだけでなく（Chappius, 2009, pp.42-45）、ルーブリックやワークシートも添

表３−２　学習のためのアセスメントの７つの方略

【私は、どこに向かっているのか？】
第１方略：学習ターゲットに関する明確で理解できるビジョンを学習者に示す。 （質問の例：「今、何を学習しているの？」など） 第２方略：質の高い学習物と低い学習物の例やモデルを使う。 （質問の例：「質の高い学習物って何？」や「避けるべき問題は何？」など）
【今、どこにいるのか？】
第３方略：記述による正規のフィードバックをする。 （質問の例：「私の強みは？」「何をする必要があるの？」「どこが間違っていて、それについてどうするの？」など） 第４方略：学習者に自己評価と目標設定を教える。 （質問の例：「私の得意は？」「する必要があることは？」「次に何をすべき？」など） 第５方略：一時に一つの学習ターゲットや質の側面に絞った授業をデザインする。 （特定の学習目標を習得したり、誤概念や問題を提起する際に焦点化して、足場を据える）
【どのようにギャップを縮小するのか？】
第６方略：学習者に焦点化した修正を教える。 （やったことに関して不十分や間違いをフィードバックし、学習者に修正させる） 第７方略：学習者に自己省察をさせ、彼らの学習を辿らせ、共有させる。 （学習者は、学びを省察し、達成を他者と共有し、長期の保持と動機付けに繋げる）

えて詳述した点である。

チャピウスの７方略の特徴を纏めると、第一に、AfL とは言うが、第５方略と第６方略には評価ではなく指導の方略を据えているということである（William, 2014, p.8）。第二に、巻末に書き方の特性６＋１や数学の問題解決、プレゼンテーションなどを掲載しているように、第４方略において、「課題特定的よりむしろ一般的」であり、しかも「全体的より分析的な」ルーブリックを推奨し、学習者が分かるような記述的な言語を使うようにしていることである（Chappius, 2009, p.118）。なお、ブルックハートも書き方の特性６＋１や数学の問題解決という同じ学習活動ならどこでも使える「一般的」であり、しかも一つひとつの評価規準ごとに質的レベルの違いを明示した「分析的」ルーブリックを使うことを唱えている（Brookhart, 2013, pp.6-9）。第三に、第３方略で教師と学習者の対話の際に、異なるマーカーを使って区別したり（Chappius, 2009, p.32）、巻末に対話や結果分析や現状・ターゲット・計画や間違い訂正のような誰でも使えるワークシートを用意していることである（Chappius, 2009, pp.204-254）。要するに、この図書は、方法論を段階的に述べるだけでなく、教師が授業に取り入れる際に役立つような具体的な教育技術まで掲載しているということである。

なお、アルターたちは、2011年に、ルーブリックのためのルーブリック、つまり、表３−３のように、ルーブリックが満たすべき1.内容や組織と2.明瞭性という二つの要件を取り纏めた（Arter and Ford, 2011, p.2）。

私が、2014年4月末にATIを訪問した折、オバマ政権でも修正されて、

表３−３　ルーブリックのためのルーブリック

1. **内容／組織**：生徒の学習物において大切にしている事柄は何か？
　A. **評価規準は、**正しい内容をカバーしている。　ルーブリックは、重要な内容をカバーし、重要でない内容は除外しているか？
　・内容は、考慮中の学習ターゲットをうまく遂行するという意味を含んだ事柄において、その分野で最も良い思考を表現しているか？
　・内容は、内容スタンダード又は評価したい学習ターゲットに照準を合わせているか？
　・内容には、「真実の響き」があるか？ルーブリックは、質の高いパフォーマンスに対するあなたの思考を組織する助けになっているか？
　B. **内容は、うまく組織されている。**ルーブリックは、容易に理解可能な固まり（評価規準）として分けられているか？
　・学習ターゲットの複雑性に対して、評価規準の数は適切か？
　・評価規準のそれぞれの評価指標は、配置した場所に相応しいか？
　・評価規準の間の強調点の違いは、それぞれの規準を代表しているか？
　・評価規準で評価すると、明確に分けることができ、規準の間の重複は最小限であるか？
　C. **レベルの数は、ターゲットと使用法に合っている**　レベルの数は、意図した学習ターゲットと使用法にとって適切であるか？使用者は、様々なレベルの間の違いが分かるか？
2. **明瞭性**：それが意味している事柄を誰でも理解しているか？
　A. **レベルの記述の仕方**　ルーブリックのそれぞれのレベルをはっきりと述べているか？
　・(1)「優れた」や「徹底的な」など特定化しにくい言葉を使わないようにしているか、(2) 頻度や数ではなく、記述的な言い回しになっているか？評価規準の各レベルにおいて生徒の学習物の例があるか？生徒にとって分かりやすい説明になっているか？
　・言葉使いは、成績評価をするようなものではなく、記述的になっているか？
　B. **等間隔なレベル**　ルーブリックの各レベルは、内容的に等間隔になっているか？
　・あるレベルで特徴を述べた場合、他のレベルでは、発展していくようになっているか？

引き継がれたNCBL法の下で年次テストだけでなくその準備のためのテストも学校教育に蔓延しており、パフォーマンス評価をする機会も十分ではないという厳しい現状を実感した。しかし、このようなATIのスタッフによる学習のための評価の7方略は、全米で広く知られており、その影響を受けたブルックハートは、ボトムアップやトップダウンのルーブリックの作り方を提唱し（Brookhart, 213, pp.29-38）、より発展させようとしているのである。

5. 優れた相互評価を介した自己評価

サンディエゴ大学のフィッシャー（Fisher, D.）とフレイ（Frey, N.）は、2007年に小中学校の子どもが理解していることをパフォーマンスやテストなどで点検する方法を考案し（Fisher and Frey, 2007）、2011年の著書『形成的アセスメントの行動計画』では（Fisher and Frey, 2011, p.3）、ハッティ（Hattie, J.）のフィードバックの図を参照しつつ、FAのシステムを示して、前述の(a)(b)(c)に対応させて、教師と学習者の二方向から㋐フィードアップ、㋑フィードバック、㋒フィードフォワードに分けた学習過程における方略や技術を明らかにした。

スティギンたちは、学習者の評価への参画を重視したが、フィッシャーた

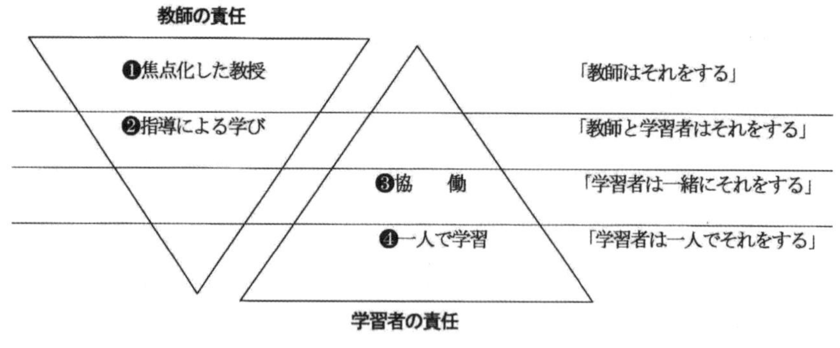

図3−4　漸次的な責任移譲

ちは、教師と学習者の二方向から迫る教授・学習過程に力点を置く。だから、AfL ではなく FA という言葉を使っているのである。そして、㋐については要約的な書き方、㋑ではスピーチとプレゼンテーションの一般的で分析的なルーブリックを例示しているが、㋒ではルーブリックは示さずに、誤概念や足場の考え方を紹介した（Fisher and Frey, 2011, p.45, pp.74-75, pp.94-95, pp.104-105）。ただし、これらについては、特に新しい提案ではない。

むしろフィッシャーたちの考え方で注目すべきは、教師から学習者へ徐々に責任を移譲するモデル（Fisher and Frey, 2011, p.6）を FA に組み込んだことである。2008 年の著書によれば、このモデルの理論的根拠は、次のようであると言う（Fisher and Frey, 2008, p.4）。

❶教師が教えたいことを明確にして教えた後、❹その内容を一人ひとりの学習者に応用させても、学習者の内容理解を促すことが難しい。他方、❹に示すように、子ども一人ひとりにすべての学習を任せると、放任主義に陥って、費やした時間の割に成果が乏しい。では、❶教師が教えた後、❷のように、教師が教えた事柄の理解を深めるために、学習者たちに話し合わせたり、応用させた後、❹の学習者個々の学びへ展開させても、❶と❷は、教師の掌に乗せて学習者に学ばせて、そこからいきなり学習者の自由度の高い❹に展開するのは、無理があるのではないか。したがって、最善の方法として、❶から❷へと進めた後、ヴィゴツキーの最近節発達帯の考え方に学べば、❸に示すように、学習者自身の協働的な学びを挟んだ後、❹をさせるのが適切であるというのである。

このような❶から❹への流れは、一コマの授業や単元、あるいは、一つの学期や一年間などいずれで行われるとしても、教師から学習者へ少しずつ責任を移していくのであり、それを“漸次的な責任移譲”と呼ぶ。そして、責任移譲のモデルの中で、❸の学習者による協働的な学びは、FA の中の特に❷のピア・フィードバックの過程で役立てられるというのである（Fisher and Frey, 2011, pp.83-89）。

わが国では、集団思考を促進し、お客様を創らないために、一斉学習、小集団学習、個別学習の3種類の学習形態を使い分けることは行われてきた。しかし、ピアやペアなどの小集団による相互評価を介して一人ひとりの学習者の自己評価と結びつけるという点が従来とは違うのである。

このような優れた他者評価を介した自己評価の実践は、大学レベルでも行われている。例えば、アルバーノ大学の学部生向けの歴史の授業では、独立戦争初期の実在の女性運動家を題材にした映画を視聴させた後、当時の歴史的背景を踏まえると、その描き方が妥当か否かということを報告するというパフォーマンス課題を投げかけ、評価規準も事前に提示した。これが「Ⓐ私はどこに向かっているのか」の段階である。「Ⓑ私はどこにいるのか」の段階として、表3−4の書き方のルーブリックを例示しており、ディーツ(Diez, M.)によれば、これは、中等学校でも使っているものであるが、別に記した「書式のガイドライン」によって難易度も上げることができるものの、評価指標に「大部分」や「多数」など曖昧な表現があるので、もうひと工夫が必要であると言う(Diez, 2014, p.9.p.7)。

そして、「Ⓒどのようにギャップを縮小するのか」の段階については、この歴史授業と関連づけて論じていないけれども、アルバーノ大学ではルーブリックだけでなく記述的な説明も併せて使っているので、ⒶとⒷをしっかり踏まえていれば、次の看護学科の学生のような学び方になると言う(Diez, 2014, p.21)。

「文章を考えるとき、フィードバックをいくらか参考にした。それを

表3−4　書き方のルーブリック

評価規準	4	3	2	1
書式	書式のガイドラインと長さの条件に従っている。	大部分の書式のガイドラインに従っており、長さの条件も満たしている。	書式のガイドラインには従っていない。長さの条件を上回っているか下回っている。	書式のガイドラインに従っていない。長さの条件をかなり上回っているか下回っている。
組織	必要な情報はすべて含まれており、無関係な情報は除かれている。	必要な情報はすべて含まれているが、無関係な情報が幾つかある。	必要な情報が幾つか含まれていない。多くの無関係な情報がある。	あまり必要な情報が含まれていない。多くの無関係な情報が随所にある。
綴り字	すべての用語の綴り字が正しい。	大部分の用語の綴り字が正しい。	とても多くの用語の綴り字が間違っている。	用語の綴り字の間違いが多くて、読みにくい。

使ってレポートを書くとき、どのように焦点化するのかということが問題になる。それから、自分のスピーチをビデオで見て、どれだけ『うーん』とか『OK、次はこれだ！』と言ったことか。それをフィードバックから学んだ。問題解決や分析など他の評価規準でも、同じである。つまり、『もうちょっと考えなさい』とか『あまりにも表面的』や『それを解決するための問題は何か』と問うて『さらに深く進む方法を考えなさい』などのコメントから学んだ。」

アルバーノ大学では、フィードバックは、教師から学生にだけでなく、学生同士でピア・フィードバックとしても頻繁に行われている。その際に配慮すべきは、第一に、教師は、表３−５のようなガイドラインを示しながら、ピア・フィードバックの初心者である学生に肯定を最初に述べ、次に改善点を指摘するようなフィードバックの方法を事前に教えておく。

そして、第2に、フィードバックをする学生と受ける学生のガイドライン

表３−５　ピア・フィードバックのガイドライン PCM130　書き方：編集作業

「フィードバックのやり取り」（それを騒々しくやることなく）

フィードバックのやり取りは、書き手として成長する場合の最も難しいことの一つです。その過程に不可欠なことですが、粛々とされないと、単にあなたと物々交換しているように感じるかもしれない。次の秘訣にしたがえば、上品かつユーモアを交えて、フィードバックを受けたり、与えたりするのに役立つはずです。

フィードバックをする場合、次のようなことであるといつも留意しなさい。

あなたの仕事は・・・

Ａ．徐々に発展しながらフィードバックをしていくことです。
Ｂ．書き手がうまく書いてきた事柄を支援することです。
Ｃ．あなたのコメントの基礎として評価規準を用いることです。
Ｄ．文章の中で該当箇所を示して、あなたが言っている事柄を具体化することです。
Ｅ．誠実で親切に対応して下さい。
ａ．レポートを書き直すことではありません。
ｂ．あなたの仕事は、別の学習物であなたのスタイルを押しつけることではない。
ｃ．ただ一つ気付いた欠陥を常に指摘することでもありません。
ｄ．意義深い問題を言い逃れすることでもありません。
ｅ．成績を付けたり、レベル付けをすることでもありません。

（以下、「フィードバックを受ける場合の留意事項が続くが、省略する」）

を配付して、どちらの立場でも学びという面で言えば利点があるということを周知徹底しなければならない（Diez and Runkel, 2015, pp.3-4, p.15）。アルバーノ大学は、長年にわたって、このようなピア・フィードバックを授業で継続的に使い続けてきたから、同僚性や学習支援の文化がしっかりと根付いているのである。

6. 学習者が活用できるルーブリックを

ルーブリックについては、漏れ落ちなく評価規準を設定し、評価指標も詳細かつ丁寧に記すほうがよいのだろうか。あるいは、主要な評価規準に絞って、評価指標の内容について学習者でもよく分かるようにポイントを押さえるに留めるほうがよいのだろうか。成績評価で使おうとするルーブリックならば、前者が良いという人がいるかもしれないが、現実には、教師の負担感が大きく、評価のための評価に陥りがちである。わが国でも、ルーブリック開発をあまりにも熱心に行った結果、あれもこれも入れるべきと詳細なルーブリックになり、結果的には学校現場には十分定着しなかったこともある。

むしろ一般的分析的なルーブリックのように、外見上は漏れ落ちなくとは言い難いが、学習者にとって分かりやすくて、使い勝手がよければ、学習者が自らの学びのツールとして身に付け、生涯学習の力にもなる。しかも、ピア評価のガイドラインのような点も抑えて優れた相互評価を介した自己評価をさせれば、内発的な動機付けにも繋がって教育的意義も大きいように思う。統合的学習のVALUEルーブリックのアドバイザーであるアルバーノ大学のメントコフスキー（Mentkowski, M.）に2014年4月にインタビューした際にも、このような意識を持ってVALUEルーブリックを改変しなければならないという示唆を受けた。

そこでは、クーンのように、どの年齢でも子ども中心の評価実践を求めることに批判的であったとしても、少なくとも校種が上がるにつれて、少しずつ学習者に責任を移譲していく考え方を取る必要もあるのではないだろうか。

さらに、ATIが推進しているAfLの7方略のうちの第2方略として、優れた学習物を提示して、どうして優れているのかということをルーブリックで考えさせたり、第3方略において、学習物に関するフィードバック情報を与えるような場面を意識的に設定してもよい。その際に、教師は、第4方略で学習者の構えを固め、第5方略で特定の質に絞り込まないと、第6方略のように何を修正するべきかということが不明確になって、結果的には時間を費やした割には、成果が出ないということもある。このようにルーブリックは、AfLの方略を意識し、能動的な学習者による構成主義的な学びを尊重する学習観に支えられて始めて、その学習促進機能を発揮できるのである。

引用文献

Arter, J.A. et al.(1994) *The Impact of Training Students to be American Self-Assessor of Writing*, paper presented at the Annual Meeting of Educational Research Association (New Orleans, LA, April 4-8, 1994).

Arter, J. and McTighe, J.,(2001) *Scoring Rubrics in the Classroom*, Cowin Press, Inc.

Arter, J. and Chappuis, J.(2006) *Creating & Recognizing Quality Rubrics*, Educational Testing Service, 2006.

Arter, J. and Ford, L.(2011) *Finding and Creating High-Quality Rubrics*, a paper presented at Anderson Conference : Shifting From a Grading Culture to a Learning Culture, January 27-28, 2011.

Assessment Reform Group(1999) *Assessment for Learning-Beyond Inside the Black Box-*, Assessment Reform Group.

Assessment Reform Group(2002) *Assessment for Learning 10 Principles*, Assessment Reform Group.

安藤輝次編著(2002)『評価規準と評価基準表を使った授業実践の方法』黎明書房。

Brookhart, S.N.(2007) "Expanding Views About Formative Assessment", in McMilan, J.H.(ed) *Formative Classroom Assessment*, Teacher College Press.

Brookhart, S.N.(2013) *How to Create and Use Rubrics for Formative Assessment and Grading*, Association for Supervision and Curriculum Development.

Chappius, J (2005) "Helping Students Understand Assessment", *Educational Leadership*, 67(3).

Chappius, J.(2009) *Seven Strategies of Assessment for Learning*, Pearson Education, Inc. pp.11-13. Stiggins, R.et.al., op.cit(2004).

Clarke, S.(2014) *Outstanding Formative Assessment: Culture and Practice*, Hodder Education.

Culham, R.(2003) *6+1 Traits of Writing : Complete Guide Grades 3 and Up*, Scholastic Professional Books.

Diez, M.(2015a) The Central Role of Criteria in Giving Good Feedback, in Alverno College Faculty (ed.) *Feedback In Teaching*, Alverno College Institute.

Diez, M. and Runkel, R. (2015b) Peer Feedback : Building Student Capacity and Collegiality, in Alverno College Faculty (ed.) *Feedback In Teaching*, Alverno College Institute.

Fisher, D. and Frey, N.(2007) *Checking for Understanding : Formative Assessment Techniques for your Classroom*, Association for Supervision and Curriculum Development.

Fisher, D. and Frey, N.(2008) *Better Learning Through Structured Teaching*, Association for Supervision and Curriculum Development, 2008.

Fisher, D. and Frey, N.,(2011) *The Formative Assessment Action Plan : Practical Steps to More Successful Teaching and Learning*, Association for Supervision and Curriculum Development.

Halden-Sullivan, J.(1993) "Writing to Learn, Assessing to Learn", *Language and Learning Across the Discipline*, 3(1).

Kohn, A.(2006) "The Troubles with Rubrics", *English Journal*, 95(4), March 2006.

Marby, L.(1999) Writing to the Rubric : Lingering Effects of Traditional Standarized Testing on direct Writing Assessment, *Phi Delta Kappan*, May1999. (http://www.questia.com/read/1G1-54618913/writing-to-the-rubric-lingering-effects-of-traditional#/ : 2014年8月29日所在確認)。

松下佳代(2014)「学習評価としての能力とその評価」『名古屋高等教育研究』第14号、名古屋大学。

Panadro, E.(2013) "The Use of Scoring Rubrics for Formative Purpose of Revisited : Review", *Educational Research Review*, (9).

Panadro, E.(2014) "Rubric or Not Rubric?:The Effects of Self-Assessment on Self-Regulation, Performance and Self-Efficacy", *Assessment in Education*, 21(2).

Popham, J.(1997) What's Wrong -and What's Right- with Rubrics, *Educational Leadership*, Vol.55, No.2, Oct.

Reddy, Y.M.(2007) Effect of Rubrics on Enhancement of Student Learning, *Educate~*, Vol.7. No.7.

Rhodes, T.L.(ed.), (2010) *Assessing Outcomes and Improving Achievement : Tips and Tools for Using Rubrics*, Association of American Colleges and Universities.

Rhodes, T.L. and Finley, A.(2013) *Using the VALUE Rubrics for Improvement of*

Learning and Authentic Assessment, Association of American Colleges and Universities.

Sadler, R.(2010) "Beyond Feedback : Developing Student Capability in Complex Appraisal", *Assessment & Evaluation in Higher Education*, 35(5).

Stiggins, R.(2002) "Assessment Crisis : The Absence Of Assessment FOR Learning", *Phi Delta Kappan*, June 2002.

Stiggins, R.(2004a) "New Assessment Beliefs for a New School Mission", *Phi Delta Kappan*, September 2004.

Stiggins, R. et. al.(2004b) Classroom Assessment for Student Learning, *Educational Testing Service*.

Stiggins, R.(2005a) "Helping Students Understand Assessment", *Educational Leadership*, No.3.

Stiggins, R.(2005b) "From Formative Assessment to Asseessment FOR Learning", *Phi Delta Kappan*, December 2005.

Stiggins, R.(2005c) *Assessment FOR Learning Defined*, paper of the United States at the ETS Assessment Training Institute's International Conference, Portland, OR, September 2005.

Stiggins, R. and Chappius, J.(2005d) "Using Student-Involved Classroom Assessment to Close Achievement Gaps", *Theory into Practice*, 44(1).

Stiggins, R.(2007) "Assessment for Learning : An Essential Foundation of Productive Instruction", in Reeves, D.(ed.) *Ahead of the Curve*, Solution Tree Press.

Washington Post(2000) Writing by the Rules No Easy Task : 'Rubrics' Can Help Student Focus on Basics, but Some Teachers and Parents Say They Squelch Creativity, Washington Post, October 24, 2000, (http://www.highbeam.com/doc/1P2-560860.html : 2014 年 8 月 28 日所在確認)

William, D.(2011) "What is Assessment for Learning?", *Studies in Educational Ealuation*, 37.

Wiggins, G.(1998) *Educative Assessment*, Jossey-Bass Publishers,.

William, D.(2014) Formative Assessment and Contingency in the Regulation of Learning Processes, paper presented in a Symposium entitled Toward a Theory of Classroom Assessment as the Regulation of Learning at the annual meeting of the American Educational Research Association, Philadelphia, PA, April 2014.

第4章 持続可能な評価の方法論

「持続可能な評価（sustainable assessment）」と言えば、“持続可能な開発のための教育（Education for Sustainable Development：ESD）”の評価論であろうと想像する人もいるかもしれないが、ESDのための評価論ではない。シドニー工科大学のボウド（Boud, D.）は、国際連合の「環境と開発に関する世界委員会」が1987年に公表した報告書の中核概念である“持続可能な開発”の考え方に共鳴しながら、2000年の論文において“持続可能な評価”を「学生の将来の学習ニーズを満たしつつ、現在のニーズも満たす評価」（Boud, 2000, p.151）と定義して、総括的な評価と形成的な評価の問題点を克服し、生涯学習を見据えた学習者中心の革新的な評価観を打ち出した。

ボウドは、大学生における自己評価の研究者としてその名を知られていたが、特に1998年のブラックとウイリアムの共著論文「ブラックボックスの内側」と「評価と教室の学習」でクローズアップされた形成的アセスメントに関する次の8つ指摘が持続可能な評価の必要性に気付く起点になったと言う（Boud, 2000, pp.156-158）。

(1) 評価規準やスタンダードに基づく枠組みが必要である。

(2) すべての人は出来るようになるという信念が必要である。

(3) フィードバックと成績の評定を分離することを考えるべきである。

(4) 評価は、パフォーマンスより学習に焦点化すべきである。

(5) 自己評価の発達が大切である。
(6) ピア、つまり、学び合う仲間による反省的な評価を奨励すべきである。
(7) 評価が形成的であるためには、評価を活用しなければならない。
(8) 形成的アセスメントが求めているのは、指導と学習の実践を変えることである。

前者の共著論文では、「教師と学習者の間の対話は、思慮深く、反省的でなければならないし、理解を促して探るように焦点化すべきであり、すべての学習者が自分のアイディアを考え、表現する機会を与えられるような対話をすべきである」(Black, P. andWilliam, D.1998a, p.144) という対話に対する重要性が見過ごされている。また、後者の共著論文に内包されていたが(Black andWilliam, 1998b, p.30)、その後、社会構成主義が優勢になり、後塵を拝するようになる知識伝達型の完全習得学習に対する言及もなかった。

このような限界はあるが、ボウドの独自な考え方は、評価をする際には、次に示すように、“二重の義務”を果たさなければならないという点に込められていた (Boud, 2000, p.160)。

「・学習のための形成的アセスメントと認証のための総括的評価を含まなければならない。
・今ある課題に焦点化するだけでなく、未知の未来における生涯学習のための素養を学生に身に付けさせるという意味合いにも焦点を当てなければならない。
・学習の過程と実質的な内容の両方を留意しなければならない。」

ここで重要な点は、「仕事や家庭や地域社会で、これまで以上に生活の至る所で、学習者であり続けるだろう」という“学習社会”の考え方を基盤にしながら、そこでは学び方学習よりも評価の仕方の学習に力点を置くべきであると述べ (Boud, 2000, p.155.p.159)、持続可能な評価では、次の点を踏まえなければならないと主張したことである (Boud, 2000, pp.160-165)。

① 新しい学習課題をやれるという自信がある。
② 学習課題に適用できる評価規準やスタンダードを探る。

③ 評価規準とスタンダードの理解と応用を確かめるために、学生が学習課題に能動的に関与する。
④ ゴールに向けて自らモニタリングと判断を下すための仕組みを開発する。
⑤ 問題の重要な点を確認するために識別する力の練習をする。
⑥ 専門的技術を持った他者やピアにアクセスする。
⑦ フィードバックによって学習課題に取り組む新しい方法に影響を及ぼす。
⑧ 徹底的に学習できるような言葉の使い方を配慮する。
⑨ 長期にわたって教師と学生によって評価をしたり、そのような考え方を作り直す。
⑩ 持続可能な評価を受け入れた時の教授と学習にとっての意味を見出す。
⑪ 持続可能な技能発達をさせて、明確な結果を示す。
⑫ 異なる知識と状況で評価技能を使う。
⑬ 現在の評価実践が生涯学習に矛盾するかを吟味する。
⑭ 評価に対する見識ある人の期待に応える。
⑮ 自分の文脈を理解する方法を見出す。
⑯ 評価活動でスクラップ＆ビルドをする。
⑰ 自分たちの専門的知識に対する理解を他者に知らせる。
⑱ 評価で知識の清廉性を尊重するようにする。

ボウドは、このような壮大な構想を抱きながら、持続可能な評価を提唱したのである。

ボウドは、学習社会については、2013年の論文「学習のためのフィードバックモデル再考：デザインに対する挑戦」において、工学モデルと対比させながら、次のように描き出した。やや長い引用となるので、要約しておこう（Boud, 2013, pp.700–704）。

　フィードバックの考え方は、産業革命時代における蒸気機関車が蒸気の排出状況を監視して統制しながらエンジンを動かしていたように、工学的モデルから生まれた。教育では、1950年代のサイバネティックスが同様の考え方のフィードバックを組みこんでいた。そこには、参照枠レベルと現下のレベルのズレを縮小しようとするラムパラサッド（Ramparasad, A.）のフィードバック観があったが、しかし、教師による矯正的なフィードバックの範囲を越えることは想定していなかった。したがって、意欲を持って学び、物事を構成的に理解していくという学習者の能動的な役割を軽視しているという限界があった。

では、どうすべきかと言うと、(1) 質の高いパフォーマンスに対する自覚を高める学習について学生と対話をして、(2) 学生が自分の学習をモニタリングし、評価する能力を育成するようなフィードバックを用い、(3) 学生が目標設定や学習計画を行う技能を発達させる生涯学習能力を高め、(4) 複数の課題でパフォーマンスを高めるために多様なフィードバックを行い、処理するような長期に渡る学生の関与を促す評価課題をデザインする、という持続可能なフィードバックが求められているのではないだろうかと。

このように、ボウドは、生涯学習の考え方を取り入れた持続可能な評価論を提唱し、すでに2000年論文において「総括的評価を作り直す方法も求められている」という考え方も示していた。そして、オランダ人研究者のファストル（Fastre, G.M.J.）たちは、形成的アセスメントが (a) 学習過程ではなくパフォーマンスに力点を置き、(b) フィードバックと評価の違いが明確でなく、(c) 自己評価もピア評価も不十分であるという問題があり、総括的アセスメントは、自分自身で将来の改善点を考えなければならないと鋭く批判し、対案として、能動的な学習者による評価規準に対する理解を深めていく持続可能な評価の必要性を訴え、これら3種類の評価について表4－1のように整理した（Fastre et al.2013, p.613）。

アンドレイド（Andrade, H.）は、研究者の所論を踏まえながら、「形成的アセスメントとは、(ｱ) 指導デザインを作るために、教師や管理職に子ども達の学習に関する情報を提供する、(ｲ) 学習者たちが自分のパフォーマンスと学習目標の間のギャップの縮め方を決めるために、学びの進歩について自らにフィードバックする、という2点において定義できる」と述べたが

表4－1　評価実践の発展に関する概観

	総括的アセスメント	形成的アセスメント	持続可能な評価
機能	評定と資格付与	現在の学習を促す	生涯の学習を促す
役割分担	教師が成績を付け、学生は、それを受動的に受け取る	教師は、フィードバックをして、学生は、それを受け取って、自分のパフォーマンスを判断する。	教師は、フィードバックをして、学生は、それを受け取って、自分のパフォーマンスを能動的に判断する。
規準	事前に決めた規準を用いる	事前に決めた規準を用いる	規準に対して学生が受動するのではなく、学生と一緒に事前に決めたり、新たな規準を協働で開発する
範囲	過去	今のパフォーマンス	これからのパフォーマンス
批評の要点	成績を過度に強調し、学びの過程には目を閉ざす	学習の焦点化が完璧ではない。フィードバックと成績評価の区別もない。自己評価やピア評価の使い方が不十分	まだ探られていない

(Andrade, 2010, pp.344-345)、(ア) は教師中心、(イ) は学習者中心であって、その性格づけが曖昧であった。ボウドは、そのような曖昧さをなくすために、大学生を対象にして持続可能な評価という考え方を打ちだしたのである。

アルバーノ大学は、学部卒業５年後にアンケート調査をして、大学教育の評価の見直しに役立てているが、ボウドは、アルバーノ大学の図書『持続する学習』を引用して、長期の結末まで見据える必要性を論じ、持続可能な評価が「長期のゴールを達成するために、総括的アセスメントと形成的アセスメントに立脚した方法」であると主張し (Boud and Falchikov, 2006, p.400, p.405)、最近では、ウエブの採点システムを使って、優れた学生は、自分の学習物を厳しく判断するが、劣った学生は、甘くなりがちであるということを明らかにしたり、ディーキン大学に移ってからは、2015 年以前の 15 年間を振り返って、持続可能な評価はグーグル・スカラーで検索すると 779 件の引用がヒットし、「評価と教授学習を統合する方法」として、ICT も活用しながら、実践的な研究をさらに重ねる必要があると主張する (Boud, 2015, p.4, p.10)。このように持続可能な評価は、2000 年の理論的提唱の段階から実践的な検証やそれに裏付けられた理論化が求められる段階に移ってきているのである。

1. 学習中心評価として継承

結論から先に言えば、持続可能な評価の考え方は、香港大学教育研究所（HKIEd）に引き継がれ、カーレス（Carless, D.）を中心に教育実践を繰り返しながら、その方法論を練り上げる作業が行われてきた。カーレスは、儒教主義が浸透し、試験重視の伝統が根強い香港では、初等中等学校の学級全体を対象に内容の伝達中心に、頻繁にテストをする過程で次のテスト問題を予想させたり、ピアで誤答分析をする形成的アセスメントの実践研究をしていたので、私は、そのような形成的アセスメントの趣旨から逸脱した研究を批判した（安藤, 2015, p.31）。

しかし、彼は、大学の授業研究では、1998年のブラックとウイリアムの共著論文に触発されながら、総括的アセスメントも組み込もうとする持続可能な評価に着目して（Carless, 2002, p.354）、地道な実践研究を続けてきた。その研究の中核に位置付けられているのが、学習中心評価（Learning-Oriented Assess-ment：LOA）の3原則、すなわち、❶評価は、学生の学習向上のためにデザインされるべきである、❷評価は、学生やピアが自分のパフォーマンスの評価規準や質を能動的に確かめるようにすべきである、❸学生の現在や未来の学習を支援するようにタイムリーにフィードバックすべきである、ということであって（Carless, 2009, p.83）、カーレスは、2002年9月から2005年8月まで研究代表者としてこの3原則に照らして大学実践をチェックし、その後、香港大学に職を得てからは、代表をヤーニン（Joughin, G.）に譲って、ボウドを海外の教育顧問に迎えながら、2006年9月までLOA実践に関連した指導技術を収集して、冊子を作る仕事を行った（Carless, 2009, pp.83-84）。

彼らのアクションリサーチの結果、学生の主たる関心は省察より成績にあって、フィードバックのタイミングが遅すぎたり、書面に偏りすぎるという問題が明らかになり（Carless, 2002, p.355）、メタ認知の道具として知っている事柄、知りたい事柄、学んだ事柄を３つの欄に分けて記すKWLシートや概念マップ、抽出集団のインタビューを行って、学生の回答の質は質問の仕方に影響され、学習の至る所で学生に省察させれば、学びの範囲が広がり、深みも生まれること、KWLに少なくとも10分はかけなければならないことなどを明らかにした（Mok, M.M.C.et al, 2006, pp.428-429）。また、ボウドが重視してきたピア評価に着目して（Boud, 1999）、脅しのない協働的な学級風土がなければ、ピア評価もフィードバックもうまくいかないことを指摘し（Liu and Carless, 2006, p.287）、香港の８つの大学にアンケートを実施して、学生の小集団内の学び合いを中核に据えたチュータは、他の学生より詳細なフィードバックをしており、有用であるとみなしているという違いがあるが、他方、評価規準の解読が難しく、評価の情動的側面に左右されるという点で類似性があるということを明らかにした（Carless, 2006, p.230）。

さて、カーレスは、2007年からLOA研究の第二弾として、形成的なアセスメントを学びに生かすアプローチは、学生の学力的には中堅程度のアルバーノ大学のような成功例もあるが、香港大学のような研究大学では希少で、実施する意義があると述べ、「学生の理解を解明しようとする教師の行為」として“先取り的形成的アセスメント”という概念を導入し、学習支援や授業改善の予測的な介在に生かそうとした（Carless, 2007a, p.173, p.176）。そこでは、前述の❶❷❸の原理に基づき、それぞれの関係を図４−１のように描き出した（Carless, 2007b, p.60）。

さらに、2008年10月から2010年８月までは、大学の基金を得て、フィードバックの可能性の幅に関する研究を行い、2012年から2014年11月までは、香港大学の教育面での優秀教員の授業研究を行って、そこから学習中心評価の理論をさらに深める研究を行っている。これらのプロジェクトの狭間の2011年には、カーレスは、「持続的フィードバックの開発」と題する論文を発表し、その好例としてアルバーノ大学を挙げながら、「持続可能なフィードバックは、その「エッセンスが学生の自己調整能力の発達である」と指摘し、香港大学の10名の教育優秀賞の受賞者10名（内訳は大学教員５

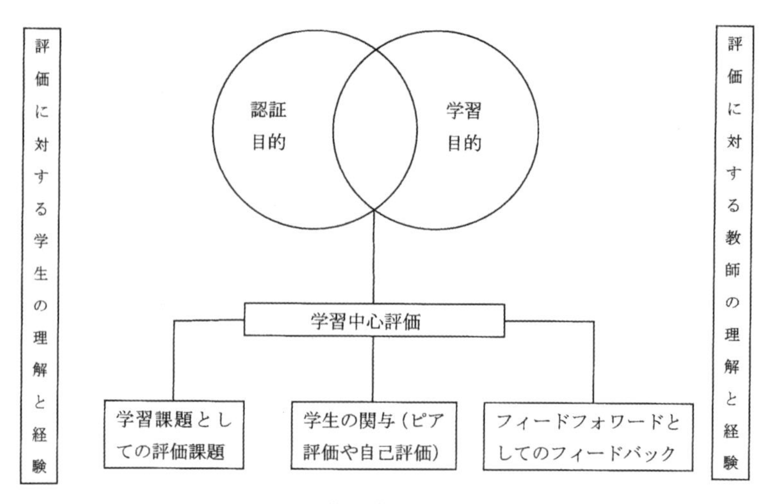

図４－１　学習中心評価の枠組み

名、博士課程院生３名、大学及び大学院教員２名）にインタビューを行った結果、Ⓐ質の高いパフォーマンスに関する対話に学生を関わらせること、Ⓑ学生が自らの学びをモニタリングし、評価能力を高めるためにフィードバックを促がすこと、Ⓒ目標設定と学習計画に学生を関与させて、生涯学習能力を発達させること、についての重要性を明らかにし、さらにⒹ長期に渡って学生が関わって、フィードバックも行えるような評価課題のデザインが重要であることも示唆した（Carless, 2011, p.404）。

そして、2013年、カーレスたちは、図４－２のように、対話的フィードバックが学生、教師、大学の次元で捉えられるのであって、効果的にフィードバックをするには、教師は、次のことをしたほうが良いと指摘した（Liu and Carless, 2013, p.293）。

なお、対話的フィードバックとは、教師と学生あるいは学生と学生の間で「解釈が共有され、意味がやり取りされ、期待している事柄が解明される相互作用的な交換」（Carless, 2013a, p.113）ということである。

㋐　学生に対話的フィードバックを通して学問の問題に従事するようにさせる。

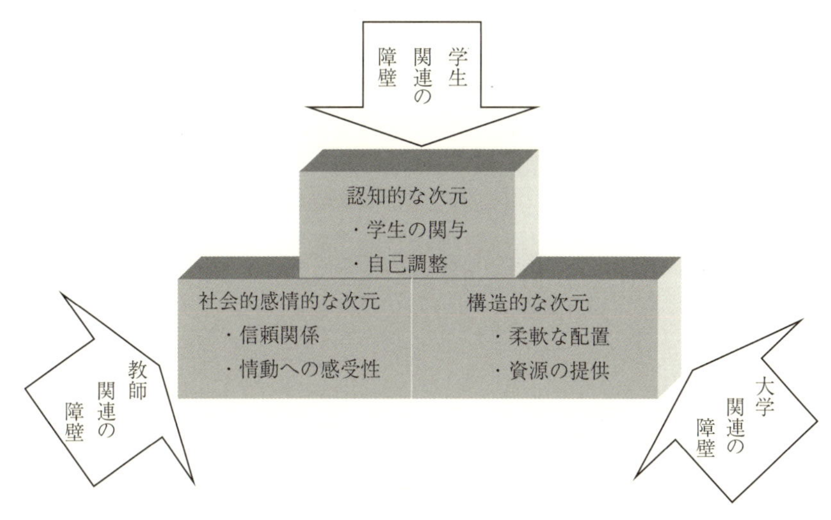

図４−２　対話的フィードバックに関連する要因

㋑　学生に能動的にフィードバックをさせ、処理し、使用させて、自己調整の発達を促す。

㋒　教師と学生の間で、学生同士のピアで、協働的に相互に信頼できる関係性を築く。

㋓　学生は、情動に関係した目的と心理的ニーズに敏感であるように示唆する。

㋔　フィードバックの提供、タイミング、形態、系列を柔軟にして、学生がフィードバック受け入れやすいように配慮する。

㋕　フィードバックでは、テクノロジーを活用し、学問や学問外の資源を結集する。

カーレスは、最終ゴールを学生の力を伸ばすということを見据えてきた。そのためには、図４−２に示すように、学生側の障壁を除去したり、教師が学生との関係性を高めるだけでも十分ではなくて、大学の障壁の除去を含めた学生と教師の３者それぞれの障壁を除去することが不可欠である。特に香港のような儒教的伝統が根強く残っている社会では、集団主義志向とそこでのテスト勉強を通した努力や忍耐や記憶を重視する傾向性は、無視できない。だから、カーレスは、「総括的アセスメントと形成的アセスメントの統合」をしたいという考え方に至ったのである（Carless and Lam, 2014, p.168, p.176）

また、カーレスは、表４−２に示すように、教師と学生との間で言いたいことを言い合い、物事を前向きに捉える信頼関係の構築が対話的フィードバックの基礎にあると指摘した（Carless, 2013a, p.101）。

これらの相互信頼の要因で注目すべきは、教師が学生に高い期待を抱き、共感し、自己評価を促すことによって対話に繋げているということである。

以上述べてきたように、カーレスたちは、形成的アセスメントや持続的可

表４−２　対話的フィードバックを促す信頼の要素とそれぞれの役割

信頼関係の中で対話的フィードバックを促進する特徴	
教室の雰囲気	親密な教室環境：思っていることを率直に述べることができる。
関連づくり	学生同士が頻繁にやり取りをして、互いに学び合う。
対話の確立	教師はどの学生も何らかの貢献するように、配慮する。
学生の自己評価を促す	評価の責任を共有する。学生は、口頭のプレゼンテーションを省察したり、ピアフィードバックを用いる。
高い期待を抱く	学生に対する教師の期待は高く、学生は、持ってる力を存分に発揮できるように促される。
入念さを導く	「先生は、同じ学生に多くの『なぜ』疑問を投げかけるように求めている。」
判断は控えて、前向きに反応する	学生は、リスクをかけて、失敗してもよいと思っている。「先生は、正しいとか間違っているとかはめったに言わない。面白いといつも言っている。」
共感を示す	教師は、学生の意見を批評するが、それを何らかの価値付けをして、関連付けてくれる。
傾聴し、他者の考えを価値づける	「先生はあなたの話に注意を払っている」と心から感じるようになる。
学生が教師に抱く信念	学生は、「教師から学生にやればできる」と信頼してくれていると考え、指導・学習・評価に対しても、そのように思う。

能な評価論に学びながら、香港大学を拠点として他大学も含めた実践研究を続け、学習中心評価の理論的裏付けに努めてきたのである。

2. 学習中心評価の方法論

香港大学は、『タイムズ高等教育誌』で常にアジアのトップレベルにランキングされる研究大学であり、今世紀に入って学部教育改革に取り組み、2012年9月から経験学習や結果に基づく学習のアプローチや問題に基づくアプローチ（PBL）などを特徴とする新しいカリキュラムを導入している。このような背景もあって、カーレスが同様の分野で先進的な教育実践を行ってきたアルバーノ大学をしばしば引用してきたのである。

さて、カーレスは、香港大学で毎年表彰している顕著な教育成果を上げた優秀教員に焦点化して学習中心評価（LOA）を理論的に裏付けようとした。そこで定められている優秀教員の選出規準は、次のようなものである(Carless, 2015a, p.39)。これらの規準から優秀教員の表彰と各学部への影響が学部改革の一環として期待されていることが分かるように思う。

①学生が理解するための学習を多様な方法で指導する。
②学生の学習をモニタリングし、さらに進展させるために多様な評価方法を用いる。
③学生自身や学生の学習進度について教師がよく知っている。
④学生の学習に関する広範囲の証拠を見出して、学習を高めている。

そして、カーレスたちは、これまでの研究成果を踏まえつつ、質的に高く、学生主導の授業をしており、学生にとって魅力的で革新的な実践をしているという観点から文学部歴史学科、法学部、理学部地質学科、経済・経営学部経営学科、建築学部の教育優秀賞を受賞した5名の教員の授業実践を参観し、分析検討することを通して学習中心評価の理論化を図ろうとした。その成果を集約したのが、カーレスの2015年4月の著書『大学評価における優秀性』である。教育優秀賞を受賞した教員に着目して学習中心評価の理論化を図ろうという研究は、2008年度ごろから始まっており、本書で取り上げられている教員の受賞年度もその頃から2014年度までと多少のバラツキはある。

さて、カーレスたちは、研究プロジェクトの教員だけでなく大学院生も含めて、上述の教育優秀賞を受けた教員の授業を6コマから10コマの授業を参観し、ビデオで記録し、学期初めと終わりの授業後に主に大学院生が半構造化インタビューを行い、時には電子メールでカーレスたちと質疑応答も重ねて、5人の優秀教員の授業方法を特徴づけた後、それぞれの授業を比較対照して、類似性と相違性を見出そうとした。

そこで類似性として直ぐ分かるのは、表4−3に示すように（Carless, 2015a, p.229）、教育優秀賞を受けた教員の授業事例では、試験だけでなく小集団学習やプレゼンテーションなど多様な評価方法を組み込んでいることである。

表4−3　教育優秀賞を受賞した教員の評価方法

	経営学	歴史学	地質学	建築学	法律学
小論文・レポート	はい	はい	はい	いいえ	はい
試験	いいえ	いいえ(他選択も可)	はい	いいえ	はい
小集団のプロジェクト	はい	いいえ	はい	いいえ	いいえ(他選択も可)
参加の評価	はい	はい	いいえ	ある程度（暗示的）	いいえ
口頭プレゼンテーション	はい	いいえ	はい	はい(暗示的)	不法行為：いいえ 労働法：はい
ポートフォリオ	いいえ	いいえ	いいえ	はい	はい（RMD）
その他		野外調査の報告	実験室の作業		フォト・エッセイ

また、表4−4に示すように（Carless, 2015a, p.230）、例えば、「学問にお

表4−4　教育優秀賞を受賞した教員における評価の特徴

	経営学	歴史学	地質学	建築学	法律学
学問の実生活への関与	はい	はい	はい（ある程度）	はい	はい
均等な努力配分	はい	はい	はい	はい	はい
学生の選択と個人的な力の投入	はい	はい	はい(ある程度)	はい	はい
統合的で凝集的	はい(ある程度)	はい(ある程度)	はい(ある程度)	はい	はい（ある程度）
対話のフィードバック	はい	ある程度	ある程度	はい	ある程度

ける実生活への関与」は、学生が自ら考えるだけでなく実践にもかけるという様式（way of think and practice：WTP）を採用していることであるが、WTP の「発達を促す主要な手段は、評価課題が実生活の問題に焦点を当てており、その問題が学問的状況に文脈化していくことであって、このような課題は、一般に学生に人気があり、彼らが学問共同体で参加者として発達していく中で、学問で価値づけられた探究方法に携わるような支援をする」（Carless, 2015a, p.63）という真正評価に繋がる手法であると言えよう。

そして、このようなアクティブ・ラーニングを展開すると、学生の負担増になりがちなので、特定の授業であまりにも忙しすぎるということがないように、「努力を均等にする」という教育的配慮をしたり、学生にとっての学びの柔軟性を確保するために「学生の選択と個人的な力の投入」の余地を残している。例えば、法律学の優秀教員は、「不法行為」の授業において５～６問から３問を解答する最終試験を課しているが、１問～２問については、代替レポートを充てることも可として、選択の自由度がある（Carless, 2015a.89）。しかも、どの教員も「統合的で凝集的」な評価を設けており、例えば、法律学の教員は、メディア・ダイアリーから不法行為に関する視聴覚資料を選ばせる「省察的メディア・ダイアリー（Reflective Media Diary：RMD）」や写真と身近な説明文を組み合わせたフォト・エッセイがそのような評価に相当する。また、どの教員も「対話のフィードバック」を用いており、学生たちの学習の定着や発展を図ろうとしていることも注目すべき点である。

さて、カーレスは、これらの教育優秀教員の授業を検討することによって、図４−３のような学習中心評価のモデルを案出した（Carless, 2015a, p.6）。これは、図４−１の学習中心評価の枠組みを練り直したものである。ここで教師の役割は、「学習中心評価の課題」という学習課題を設定することであり、それが評価課題にもなる。学生は、その課題に取り組み、そこで生み出した学習物について「評価の専門的知見の発達」をさせ、教師のフィードバックだけでなく、他の「学生のフィードバック」も受けて、自らの学びの修正や発展をさせていくという評価と連動した学習モデルである。そこでの基盤は、前節で述べた教師と学生、学生同士の信頼関係があることは言うまでもない。

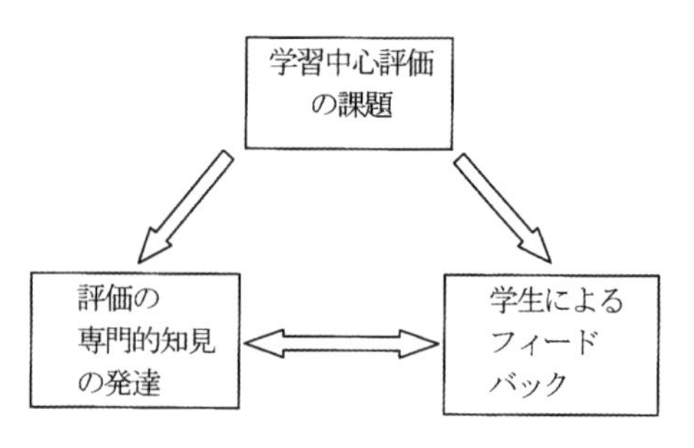

図４−３　学習中心評価（LOA）のモデル

このLOAモデルを成り立たせる一つのポイントは、教師が適切な学習課題であり、評価課題にもなりうるものをどのように設定するのかということである。それについては、カーレスは、次の６点に留意すべきであると述べている（Carless, 2015a, p.233）。

㈠　学問を実生活に用いたことを鏡のように写し出すことを通じてWTPに学生を巻き込む。

㈡　学生が何らかの学習活動に従事し、深い学習アプローチを促進する。

㈢　一連の課題やポートフォリオや参加に対する評価を通じて学習負担の偏りを減らす。

㈣　学生が主体性を発揮できるように、何らかの選択と個人的投入をさせる。

㈤　学生が今学んでいる技能を跡付けできるように統合したり、凝集させたりする。

㈥　課題やそこで生まれた学習物を正規の授業中にフィードバックさせる。

㈠については、本章第２節に説明しており、㈣は、学びの柔軟性への配慮であるので、改めて補足する必要はないだろう。㈢において「ポートフォリオ」というのは、表４−３で示したように、建築学の優秀教員が評価で使っていることを指摘している。そして、㈢で「一連の」課題と言っているのは、例えば、歴史学では、図４−４のシラバスのように、授業参加、野外調査、個人向けプロジェクトと全体、小集団、個人と異なるタイプに分けた複数の課題を設定しているということである。

歴史学における評価のデザイン
○野外調査報告書（博物館の訪問又は町探検）30％
○授業への参加 30％
・毎週の一文解答 （15％）
・チュートリアル参加（40％）
○個人向けプロジェクト 40％
・草案（10％）
・最終提出書（30％）

図４−４ 歴史学の成績評価の採点配分

また、このシラバスで「一文解答（one sentence response：OSR）」というのは、教師が授業の最後の数分間を使って、「歴史学は科学ですか、人文学ですか？」と発問し、学生は、所定のプリントに「人文学である。歴史学は、理論と仮説を含むが、問いに対して正確な答えはないから。」と書いて返却させ、それを評価の一つの道具に使うような授業技術である（Carless, 2015a, p.74, p.77）。「チュートリアル参加」というのは、小集団で講義や一文解答での問題を探ったり、野外調査やプロジェクトと関連づける学習活動を展開する学習形態である。「プロジェクト」とは、「香港のアイデンティティに係わる重要な場所を歩くツアーをデザインしなさい」というようなものであって（Carless, 2015a, p.78）、わが国における“学び合い”と似ているように思う。

さて、LOA モデルで学生が活躍することを求めている「評価の専門的知見の発達」とは、「学生が学びの質に関わって、自分の評価能力を発展させる」（Carless, 2015a, p.7）ことであって、次の５つの点を踏まえるべきであると言う（Carless, 2015a, p.235）。

(a) 学生がルーブリックの作成・分析・適用によって学びの質に関わるようにする。
(b) 学生が実物例を分析し、討論するための機会を得る。
(c) 口頭のプレゼンテーションの機会を設けて、学びの質について対話する。
(d) 異なる形態のピアによる対話と協働を何度もさせる。
(e) 授業中に学生の学習物について自己評価して相応の責任を負うように促す。

学生たちは、学びの途上で自分たちの学びの質をルーブリックで評価し、出来・不出来を確認して、不出来を出来るようにする次の学びを方向づけるのであるが、ルーブリックの中に記した文章だけではなかなか理解しにくいので、そのルーブリックの特定のレベルに相当する学生の学習物を提示して、これはどのレベルだろうかと考えさせながら、ルーブリックを活用できるようする。そこで使う学習物が(b)の「実物例（examplars）」ということである。

そして、LOAで学生が担当するもう一つの要素の「学生によるフィードバック」では、次の4点を踏まえるべきであると述べる（Carless, 2015a, p.236）。

Ⓐ フィードバックと評価の専門的知見を統合させる学習課題を綿密にデザインし、それらを蓄積する。

Ⓑ 授業中、オンライン、ピアを含めたフィードバックをして学習物について対話をする。

Ⓒ 対話的な相互作用を促すために、テクノロジーを活用する。

Ⓓ 持続可能なフィードバックの中核として自己調整と学習者としての独立性を強調する。

フィードバックは、学生の学びの向上の鍵であるが、カーレスは、学部教育では、授業の時間枠や学生の実施能力や評価に対する情動的な影響もあって、難しいと彼自身のブログで吐露している（Carless, 2015b）。このような対話的フィードバックは、教師と学生の相互の信頼関係に裏打ちされ、しかも、学生自身の評価の専門的知見が高まらないとうまくいかないだろう。したがって、カーレスは、対話的フィードバックが優秀な教員のみ実施できるのか、大規模授業でも成立するのか、動機づけの低い学生にも通用するのかということを今後の課題にしているのである（Carless, 2015a, p.242）。

表４−３の法律学の優秀教員は、ケースメソッドを使った授業で真正課題を設定して、優れた授業を行っている。実は、私も勤務先の大学の3回生対象の「初等教育学専修ゼミ3」で教育実習生や学校ボランティアの失敗事例

をインターネットの掲示板に掲載して、ある程度は成功しているという感触はあったものの、成功の理由を説明することが難しいと感じていた2015年6月末にカーレスの著書『大学評価の優秀性』の出版を知り、学習中心評価（LOA）モデルによって理論的根拠裏付けができるという自信を得た。そして、LOAモデルで記した上述のLOAを構成する3要素の留意点を事後アンケートで問いかけ、このモデルの有効性を実感した。確かに、ケースメソッドや教育学や歴史学などの答えが必ずしも明確ではない学問分野では、このモデルは適用可能であろう。しかし、香港大学には、工学部も医学部も歯学部もある。これらの自然科学の分野の例として地質学の優秀教員の授業をLOAモデルで説明しているが、その他の自然科学の学問でもこのようなモデルが成り立つのかどうかということが今後の研究課題であろう。

3. わが国における大学教育実践への示唆

カーレスの研究は、大学教育の先行研究を整理して理論付けたのでなく、香港の様々な大学の教育実践から得た成果を紡ぎながら理論化をしてきた点が特徴的であり、その意味で説得力がある。評価の専門的知見やフィードバックなどの形成的アセスメントに力を注ぐだけでなく、歴史学のシラバスに示すように、総括的アセスメントである成績評価との関連付けも必要である。

ただし、カーレスによれば、香港大学の学生は、授業が易しいか難しいかということでしか授業の善し悪しを判断していないし、意味と理解を促す深いアプローチだけでなく、想起と再生を重視する浅いアプローチもあってよいと思っていると言う（Carless, 2015a, p.29, p.33）。わが国でも、中央教育審議会教育課程企画特別部会が学習への深いアプローチと浅いアプローチを取り上げているが（教育課程企画特別部会、2015）、わが国の学生もいずれかのアプローチを取るというよりも、むしろいずれのアプローチも重要であると思っているのではないだろうか。“達成動機”ということを考えれば

(溝上, 1996, p.193)、想起と再生に関わる浅いアプローチで達成度を上げて、学習意欲を高めてから、深いアプローチに展開するという形もあってよい。

とすれば、問題は、いかに浅いアプローチから深いアプローチへ学生を導くのかということである。わが国の大学教師の多くは、指導と評価を分離させて、評価は知識を問うテストに頼りがちであることを考えると、その打開のヒントは、学生が学びに関わるということにあるのではないだろうか。

引用文献

安藤輝次(2015)「学習のためのアセスメント(AfL)の多様な展開」『学校教育学論集』(関西大学文学部初等教育学会紀要)第5号。

Andrade, H.L. and Cizek, G.J.(ed.)(2010) *Handbook of Formative Assessment,* Routledge.

Black, P. and William, D.(1998a) Inside the Black Box: Raising Standards Through Classroom Assessment, *Phi Delta Kappan*, 80(2)

Black, P. and William, D.(1998b) Assessment and Classroom Learning, *Assessment in Education : Principles, Policy and Practice*, 5(1)

Boud, D.(1999) Peer Learning and Assessment, *Assessment and Evaluation in Higher Education*, 24(4)

Boud, D.(2000) Sustainable Assessment : Rethinking Assessment for the Learning Society, *Studies in Continuing Education*, 22(2)

Boud, D.and Falchikov, N.(2006) Aligning Assessment with Long-Term Learning, *Assessment and Evaluation in Higher Education*, 31(4)

Boud,D.(2013) Rethinking Models of Feedback for Learning : the Challenge of Design, *Assessment and Evaluation in Higher Education*, 38(6)

Boud, D.et al.(2013) Does Student Engagement in Self-Assessment Calibrate Their Judgment Over Time?, *Assessment and Evaluation in Higher Education*, 38(8)

Boud, D.andSoler, R.(2015) Sustainable Assessment Revisited, *Assessment and Evaluation in Higher Education*, 40(1)

Carless, D.(2002) The 'Mini-Viva' as a Tool to Enhance Assessment for Learning, *Assessment and Evaluation in Higher Education*, 27(4)

Carless, D.(2006) Differing Perceptions in the Feedback Process, *Studies in Higher Education*, 31(2)

Carless, D.(2007a) Concepualizing Pre-Emptive Formative Assessment, *Assessment in Education : Principles, Policy and Practice*, 14(2)

Carless, D.(2007b) Learning-Oriented Assessment : Conceptional Based and Practical

Implications, *Innovations in Education and Teaching International*, 44(1)

Carless, D.(2009) Learning-Oriented Assessment : Principles, Practice and a Project, in Meyer,L.H.et al.(ed.) *Tertiary Assessment and Higher Education Student Outcomes: Policy, Prictice, and Research*, Ako Aotearoa.

Carless, D.(2011) Developing Sustainable Feedback Practice, *Studies in Higher Education*, 36(4)

Carless, D.(2013a) Sustainable Feedback and the Development of Student Self-Evaluative Capacities, in Price, N.S. et al.(ed.)*Reconceptualising Feedback in Higher Education : Developing Dialogue with Students*, Routledge.

Carless, D.(2013b) Trust and Its Role in Facilitating Dialogue Feedback, in Boud,D. and Molly,L.(ed.), *Effective Feedback in Higher and Professional Education*, Routledge.

Carless, D.(2015a) *Excellence in University Assessment*, Routledge.

Carless, D.(2015b) Blog Posts : Learning-Oriented Assessment in Practice, National Institute for Learning Outcome Assessment, July 17, 2015 (http://ilinois.edu/blog/view/915/216881：2015年9月6日所在確認)

Carless, D.and Lam, R.(2014) Developing Assessment for Productive Learning in Confucian-Influenced Settings, in Wyatt-Smith,C.etal.(ed) *Designing Assessment for Quality Learning*, Springer.

Fastre, G.M.J. et al.(2013) Towards an Integrated Model of Developing Sustainable Assessment Skills, *Assessment and Evaluation in Higher Education*, 38(5)

Liu, N.F. and Carless, D.(2006) Peer Feedback : The Learning Element of Peer Assessment, *Teaching in Higher Education*, 11(3)

Min Yang and Carless, D.(2013) The Feedback Triangle and the Enhancement of Dialogic Feedback Process, *Teaching in Higher Education*, 18(3)

溝上慎一(1996)「大学生の学習意欲」『京都大学高等教育研究』第２号。

Mok, M.M.C.et al.(2006) Self-Assessment in Higher Education : Experience in Using a Metacognitive Approach in Five Case Studies, *Assessment and Evaluation in Higher Education*,31(4)

中央教育審議会教育課程企画特別部会(2015)、第14回(8月20日)配布資料：資料2　教育課程企画特別部会　論点整理(案)補足資料(4)。

第5章 持続可能なフィードバックの方法

欧米で評価について論じる際には、サドラーの1989年論文「形成的アセスメントと指導システムのデザイン」に触れることが多い。彼は、正答と誤答だけで学びの成果を判断できない場合には、質的判断が必要であり、次のように述べる（Sader, 1989, pp.142-143）。彼は、大学教育の研究者であるが、この論文では、生徒や学生を表すstudentだけでなく子どもたちを意味するchildrenという表現も使っているので、児童生徒学生を含む意味で「学習者」として訳出しておきたい。

質的評価をするには、①スタンダードやゴール、複数の規準で比較する技能が必要であり、②学習者の学んだ成果とねらいとの不一致を減らす方法を採用すべきである。③教師は、矯正のための助言をして、学習者がそれに従うなら、改善されるが、その場合、学習者は、教師依存になるので、それを避けるために、学習者が自分の学びの質を評価する技能を発達させたい。④教師によるフィードバックから学習者による自己モニタリングに移行させるには、教師は、学習者が評価の専門的知見を直接又は真正の仕方で獲得するようにしなければならない。

上の番号は、私が記したのであるが、結論から先に言えば、20世紀末では、①や②への考慮は十分見られたが、③はやや軽視され、④については、あまり配慮されなかったということである。

このサドラー論文に触発され、教育関係者に強力なインパクトを与えたのが、1998年のブラックとウイリアムの共著論文「ブラックボックスの内側」であった。そこでは、5歳児から大学までの先行研究を調べて、達成度を高めるには形成的アセスメントのフィードバックが有効であることを効果量によって明らかにし、そのためには学習者は、誰でも伸びるという信念を持ち、自己評価の教育を受け、教師と学習者との対話をして、生涯学習のためには学習への相応の責任も負う必要もあると提言した（Black and William, 1998a）。なお、この論文について、サドラーは、フィードバックへの着目を慧眼とみたが、その際に、利用可能な資源でやっていけるのか、学習文化の転換ができるかということが争点となろうと予想した（Sadler, 1998, p.78）。

同年のもう一つのブラックとウイリアムの共著論文「評価と教室学習」では、対話や学習者同士の相互作用に着目するものの、完全習得学習も視野に入れ、この時点までは形成的評価が達成度を上げるには効果があるという“第一の波”であるが、これからは教師による実践的検証と言う“第二の波”が始まると予想した（Black and William, 1998b）。したがって、後年、完全習得学習の復興を図ろうとするギャツキー（Guskey, T.R.）のような研究者もこの形成的アセスメント運動に加わろうとするが（Guskey, 2010）、ブルックハートも指摘しているように（Brookhart, 2007, p.44）、それは、サドラーの前述論文の趣旨から外れた動きであった。

過去十数年間に渡るフィードバック研究を総括した論文は、散見するが（Evans, 2013; Li, J.et al, 2014）、持続可能性に焦点化していない。したがって、本章ではサドラーやブラックとウイリアムの共著論文から、焦眉の的となってきたフィードバックの観点から、持続可能な評価の実践と理論について整理し、検討したい。

1. サドラーのフィードバック観に依拠した研究

サドラーは、前述の1989年論文の結論②に記したように、電子工学が専門のラムプラサッドを引用して（Ramaprasad, 1983, p.4）、「システムの変数に関して実際のレベルと参照レベルの間のズレの情報を使って、何らかの仕方でそのズレを縮小すること」というフィードバックの定義を使って(Sadler, 1989, p.120)、形成的アセスメントを論じた。そして、ブラックとウイリアムの前述の共著論文がサドラーのこの定義に依拠したことが影響したのであろうか（Black and William, 1998a, p.143; Black and William, 1998b, p.47)、その後の多くの初等中等学校の形成的アセスメントの研究や実践は、同じ定義に基づいて行われてきた。

例えば、学習物への教師のコメントによるフィードバックの重要性を指摘したり（Black, P. et al.2004, p.14)、サドラーのフィードバックの定義が形成的アセスメントを導き出したとして、評価システムの構築を試みた実践研究もある（Herritage, M.2010, p.11)。『学習者に対する効果的なフィードバック法』という図書も出版されたが、その書名が示すように、教師主導によるフィードバックの方法と技術の提案に留まっていた（Brookhart, 2008)。教師がルーブリックで学習者にフィードバックしなければ、学習者は、ルーブリックに記した評価指標を読まなかったという研究もある（Andrade, 2005, p.4)。

授業パターンにフィードバックを内蔵させる実践や研究も行われている。例えば、アメリカに形成的アセスメントを導入したスティギンが設立した評価教育研究所（ATI）のチャピウスは、第３章の表３−２に示すような３段階７方略を案出した。３段階の「どこにいるのか？」はサドラーの「実際のレベル」、「どのようになっているのか」は「参照レベル」、「次にどこへ行くのか」は「ズレの縮小」に該当しており（Andrade, 2010, p.30)、新奇性はない。むしろチャピウスが工夫したのは、教師中心に捉えがちな形成的アセスメントという用語を避けて、その代替案として優勢になってきた“学習のための評価（Assessment for Learning : AfL）”という用語を採用し、単元レベルで７方略を行う提案をしている点である（Chappuis, 2009, p.12)。これは、数多くのワークショップを介して実践してきているので、実践的な方法であるように思われる。

ところで、ハッティ（Hattie, J.）は、達成に関する800以上の文献をメタ分析し、フィードバックが達成に及ぼす効果を検討したところ、図5−1に示すように、右下の自己レベルでは、「よくやったね」とか「偉い、偉い」などの教師から学習者への言葉に留まりがちで、あまりうまくいかなかったと言う（Hattie, 2009, pp.176-177）。

このフィードバックモデルでも「フィードアップ」「フィードバック」「フィードフォワード」と言葉は違うが、サドラーのフィードバックの定義を参考にしていることは明らかである。そして、ハッティは、点線で示しているように、自己レベルのフィードバックは難しく、どちらかと言えば、教師主導のフィードバックに傾斜しており、そのことは、図5−1の下地となった論文で教師の指導性の重視を明言している（Hattie and Timperley, 2007, p.104）ことからも裏付けられよう。

なお、フィードバックは、学びの目標と現実とのズレを確認して、改善する前向きの行為であるので、ハッティが言い換えたように、本来は「フィードフォワード」とするのが正しいが、一般には前向きの意味を込めて「フィードバック」と称されているので、本章でも、その用法に従うこととする。

以上のフィードバックに関わる方法については、初等学校や中等学校レベルであるが、大学教育においても、サドラーのフィードバックの定義にそった実践や研究が幅広く行われてきた。例えば、エヴァンス（Evans, C.）は、大学教育における過去15年間の達成に関する460のフィードバックの文献を調査した結果、サドラーのフィードバック定義に依拠して教師主導で学習者の学びを矯正していく‘認知主義的アプローチ’が多いけれども、最近では、学習促進的で対話重視、教師も学生から学ぶこともあり、学生にも相応の責任を負わせる‘社会構成主義的アプローチ’もあると指摘し（Evans, 2013, pp.71-72）、ニコル（Nicol, D.J.）は、この認知主義を‘知識伝達’のフィードバックと特徴づけて、その問題点が㈠自己調整能力を付ける手立てがよく分からない、㈡フィードバック情報を学びの改善に活かす前提として

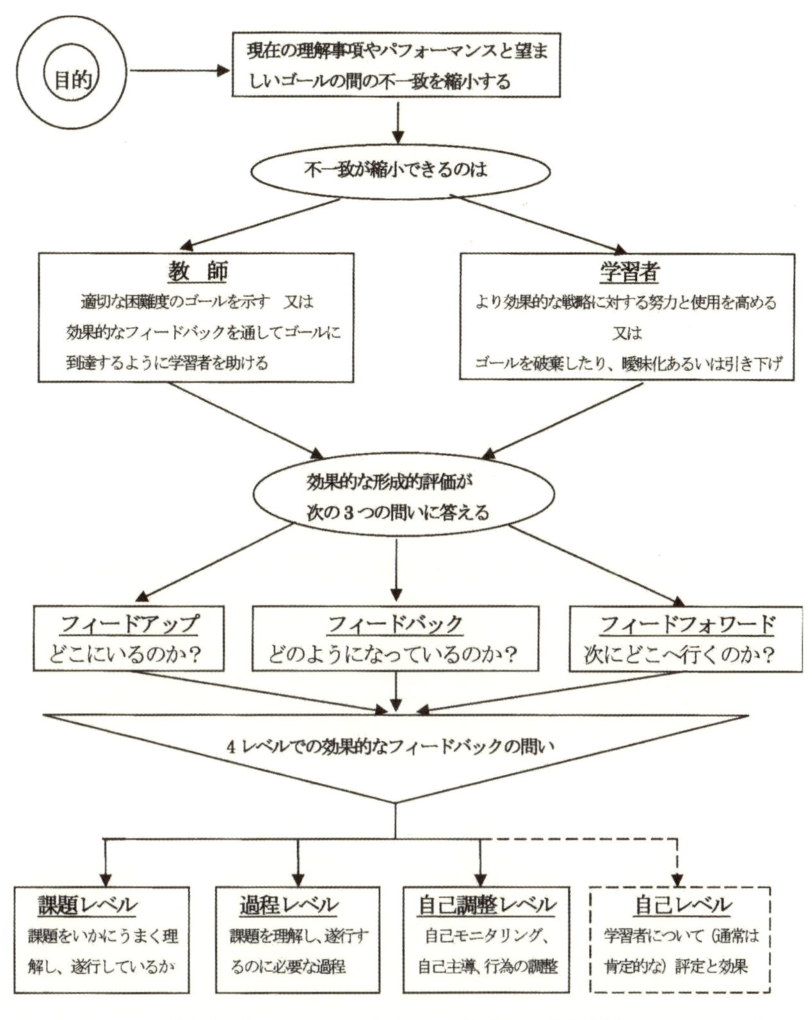

図５−１　ハッティのフィードバックのモデル

学習者に対する理解が乏しい、㈢フィードバックが学習者の動機づけと信念と相互作用する仕方を無視している、㈣伝達型によって教師の負担増になると鋭く批判し、サドラーのフィードバック定義を動機づけや自己調整にまで拡大する必要性を説いた（Nicol, 2006, pp.199-201, p.204）。

サドラー自身も2010年の論文「フィードバックを越えて」において「事実の記憶を高めるための収斂から拡散的な評価課題、単純より複合的な評価課題に対する学習者の反応をもたらす能力発達に移ってきている」とフィードバックの力点の変化を認め、伝達型モデルに偏ることへの警鐘を鳴らしたが、彼にそのように言わしめた背景には、持続可能な評価に関連したピア評価の研究の進展（Sadler, 2010, p.535, p.548）が見られたからであった。

2. 学生主体のフィードバック研究

欧米では、今や大学教育において「学生中心教育」という言葉が認知されており（Nicol, 2013, p.199）、教師中心の評価から学習者中心の評価に研究関心が移ってきている。ただし、大学生とはいえ、自由放任であれば、自然に評価の専門的知識が身につくわけでもない。教師は、大学生に評価に関する知識を教えるだけでなく、彼らに評価している様子を観察し、模倣し、対話を重ね、自ら評価するという経験の社会化過程を踏ませないと暗黙知まで獲得することはできない。ラスト（Rust, C.）たちは、このようなことを評価研修会で経験させて、学生の自己評価が少しずつ正確になってくることを2カ年の実験研究で明らかにした（Rust, 2003）。

また、大学生は、評価の専門知識に関する授業を受けてこなかったので、評価の用語の正確な理解を形式知として授けるだけでなく、暗黙知の転移について、図5−2のように、書面から口頭、小集団内のリーダー的な役割を果たすチューターからピアへ、自己評価から実物例へと順序を踏んで社会化しながら定着させていくことが重要であると言う提案も行われた（O'donovan, B.et al., 2004）。2000年の時点では、大学1年生にピアやペアになってポスターの採点をさせて、チューターの採点結果と比べると、採点規準の合意も難しく、あまり目覚ましい成果はなかったという研究もあったが(Orsmond et al, 2000)、図5−2の方法なら、そのようなこともなくなるのかもしれない。

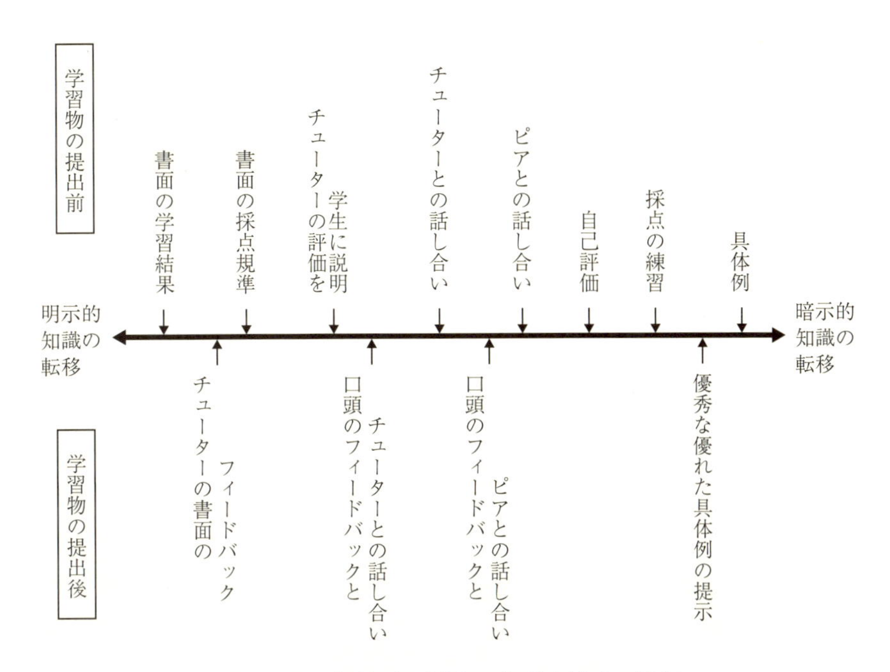

図５−２　暗黙知と形式知の転移や構成の過程

これらの研究を踏まえて、前述のニコルの2006年論文において、図５−１のハッティのモデルの自己調整レベルに関わって、次のようなフィードバックの７原則が示され（Nicol, 2006, pp.206-214）、その後、たびたび引用されるようになる（Carless, 2011, p.397：Evans, 2013, p.73 :Bibbs, 2014, p.3）。

【自己調整を促す良いフィードバックの７原則】

(1)「良いパフォーマンスとは何か」ということを解明する助けとなる。

(2) 学習における自己評価の発達を促す。

(3) 学生たちに彼らの学習に関する高い質的情報を提供する。

(4) 学習に対する教師やピアとの対話を励ます。

(5) 肯定的な動機づけと自尊心を励ます。

(6) 現在のパフォーマンスと望ましいパフォーマンスとの間のズレを縮小す

る機会を設ける。

(7) 次の指導の助けとなるような情報を教師に提供する。

ここで（4)の対話（dialogue）というのは、たとえ学習者全体に対する指導・支援であっても、(7)に示すように、特定の学習者を想定しているから、その人にとっては対話であり、教師にとっては授業の修正や改善にもなるということである。また、(5)の自尊心にも関連して捉えていることに注目したい。

ところで、ボウドの持続可能な評価の考え方は、香港大学教育研究所（HKIEd）に受け継がれ、評価の学習促進機能を前面に出したいという願いを込めて命名した学習中心評価（Learning-Oriented Assessment :LOA）として実践研究がなされ、方法論が案出されるようになった。その中心人物がカーレスである。LOA研究は、2002年から始められ、その後、ボウドを海外顧問として迎えて、特に研究の焦点をフィードバックに絞り込んでいたが、特に大学教育関係者の関心を集めるようになったのは、『高等教育における評価と評定』誌第31巻第4号に「学習中心評価：その原理と実践」の特集号が発行された2006年からである。

当時、カーレスは、香港市内8大学のアンケート調査を行って、チューターと学生とは、類似点として(1)成績付けの公平性、(2)評価に情動が評価に及ぼす影響の認識があるが、相違点として(a)チューターは学生より詳細なフィードバックをしていると信じ、(b)チューターは、自分のフィードバックのほうが学生のフィードバックより有用であると思い、(c)チューターは、学生が成績評定に強く関心を持っていると思っているが、学生はそれだけでなく授業の改善にも関心を抱いている、ということを明らかにし、教員と学生の対話の重要性を指摘した（Carless, 2006, pp.223-230）。確かに、「最も強力なフィードバックは、学習者から教師にフィードバックした時に、教師が学習者を理解し始めるようになることである」（Hattie, 2009.173）と言われるように、教師が学生にフィードバックするより、学生からフィードバックされて、そこから教師が学ぶことのほうが意義深いように思う。

また同年、カーレスは、リュー（Liu, N.F.）との共著論文で、ピア評価と自己評価の相互作用の必要性を訴えてきたボウドの1990年代の先行研究を引用しながら、総括的アセスメントを絡めた調査研究を通して、「関連した評価規準を使ったピアのパフォーマンスや学習物を学生が採点する」ピア評価より「学生がパフォーマンスとスタンダードに関連した対話に入り込むコミュニケーション過程」であるピアフィードバックのほうが学習の向上にとって有効であるという示唆を得て、協働で評価するための透明性と教師と学生や学生同士の信頼性がその基盤にあると指摘した（LiuandCarless, 2006, p.280, pp.287-288）。

そして、カーレスたちは、2007年にＬＯＡの原理として❶評価は、学生の学習向上のためにデザインされるべきである、❷評価は、学生やピアが自分のパフォーマンスの評価規準や質を能動的に確かめるようにすべきである、❸学生の現在や未来の学習を支援するようにタイムリーでフィードバックすべきである、という３つを確立したが（Carless, 2007, p.83）、❸は、ボウドの持続可能な評価の考え方を反映したものであることは言うまでもない。さらに、この３原理に関連して、2011年から香港大学の教育優秀賞を受けた10人の教員の授業を記録し、面談して、データを得て、特にＬＯＡの枠組みの中でも自己調整の観点からの方法・技術を案出しようとしている。そこで鍵になったのが「現在の課題について学生を支援し、情報提供することができ、将来の課題についてパフォーマンスを自己調整できるような対話的な過程と活動」と定義される“持続可能なフィードバック”であり、前述のニコルのフィードバック７原理も参考にしながら、(ｱ)発問して、自己主導的な活動を介して自己評価力を高め、(ｲ)ピアと教師の両方を含む対話的な相互作用、(ｳ)学生に自律性と省察の相互作用を促すねらいを持ったテクノロジーの活用、などの手立てが有効であると指摘した（Carless, 2011, p.397-404）。

その際に、カーレスは、内容、対人的交渉、組織と運営のフィードバックの三角形があると捉え、それを発展させて、「解釈を共有し、意味をやり取りし、教師の期待を解明する相互作用的な交換」(Carless, 2013a, p.113) としての“対話的フィードバック”を第4章の図4−2の枠組みで捉え、表4−2に紹介したような相互信頼の手立てを講じることが有効であると主張した。

そこで特に注目すべきは、「フィードバックの主要な問題は、これまで話してきた事柄であり、今でも同じ事柄である。(略) 要するに、現代の評価実践のほとんどは、学生たちとよりよいコミュニケーションがとれるかどうかということにかかっている」と言われるように (Sadler, 2013, p.55)、対話的フィードバックが効果的であるためには、教師と学生、学生と学生が率直に話し合うことができ、「間違ったり、失敗してもよい」という教室の雰囲気があり、教師が学生に高い期待を抱き、共感し、絶えず自己評価をする機会を設ける必要があるということである。

そして、カーレスは、2015年の著書『大学評価における優秀性』において、歴史学、法律学、地質学、経営学、建築学のそれぞれの大学教員の授業を参観・記録し、面談して、相互に類似した点を帰納的に導き出して、教師が❶「学習課題」を提示し、学生は、そこで共有した評価規準やルーブリックを睨みながら、自分たちの学びを評価し、方向づけながら、❷「評価の専門的知見」を養い、学生同士の学び合いを通して、❸「フィードバック」の形で相互評価を行って、自律的な学びを展開する“学習中心評価 (LOA)”の授業モデルを示したのであるが、これについては、第4章第3節に詳述しているので、参照されたい。

持続可能な対話的フィードバックは、教師から学生へ向けられるだけでなく学生同士で展開されることが大切である。この成否がＬＯＡの鍵であろうけれども、学習中心評価は、大規模授業では難しいだろうし、優秀教員だからできたのかもしれない。とすれば、学習中心評価の授業モデルを究極のゴールとするとしても、そこへ至るための具体的な道筋を描いて、一歩一歩進めていく必要がある。

3. 伝達型から構成型へ移行させる手立て

確かに、カーレスの持続可能なフィードバックは、魅力的であるが、大学教員の多くは、説明的授業に慣れてきたのであり、評価の専門的知見も十分ではないので、誰もができるようなものではないように思われる。“持続可能”という言葉を発すれば、否定は難しいが、現実問題として、LOA のモデルを示すだけでは、大学教員の授業形態は変わることはない。では、どうするのかと言うと、これまで実践されてきた大学教育を検討することを参考にしたほうがよいだろう。

例えば、アルバーノ大学は、大学の評価研究者も再三引用し、私も紹介しているように（Carless, 2011, p.404: Taras, 2013, p.34: 安藤, 2006: 安藤, 2007）、能力に基づくカリキュラムを 1970 年代から導入し、一般教育だけでなく専門教育におけるすべての授業科目にその考え方を適用し、2000 年前後からはインターネット上に診断的電子ポートフォリオ（DDP）を開設して、“評価としての学び”を展開してきた。

私は、2014 年春、アルバーノ大学を訪問した際に、このカリキュラムを全学方針で導入し、学部・専攻でも取り纏め、それぞれの授業科目の評価規準・自己評価・フィードバックと具体化し、今日までその推進に努めてきたディーツ教授に対して、持続可能な評価の提唱者のボウドや自己調整学習の提唱者のジンマーマン（Zimmerman, B）について尋ねたが、教育方法学が専門だからであろうか、「知らない。関心がない」という返事であった。それにもかかわらず、実質的には学部生たちの自己評価を重視し、評価と学びの連動をさせながら、卒業５年後のアンケート調査でも学部の学びが活きているという好結果である。その意味で、アルバーノ大学は、ボウドもジンマーマンも直接的には関係はないが、実質的には“持続可能な評価”の実践校として成功を収めてきた大学なのである。

さて、今回で５度目の訪問をした際にディーツから手渡されたのがアルバーノ大学の教員で分担執筆した『フィードバックは指導である』と題する新刊書の原稿であった。ディーツは、全5章の中核をなす第2章「良いフィードバックを行う際のルーブリックの中心的役割」と第5章「ピア・フィードバック」と序論を執筆している。ディーツが70歳定年を迎えて、大学を退職する記念刊行物という性格を持った図書であろう。

彼女は、第2章において、サドラーを繰り返し引用し、そのフィードバックの定義から生まれ、チャピウスやウイリアムなどの研究者が依拠するようになった「どこへ向けて行っているのか」「今どこにいるのか？」「いかにズレを縮めることができるのか？」に分けて、評定は下さないで、ルーブリックを交えて対話する授業例を織り込みながら、口頭だけでなく書面のフィードバックも対話であるとみなす（Diez, 2015a, pp.27-37, pp.43-46）。実際、診断的電子ポートフォリオで学生のレポートとそこでの担当教師のパソコン上でのやり取りを、教師はピンク色、学生は緑色の文字で行っている画面を見せてもらった。これもフィードバックである。なお、アルバーノ大学では、優良可などの成績評価ではなく、「達成済み」「達成中」「未達成」に分けた評定をしており、一般教育と専門教育のそれぞれの終了時に能力ごとに「達成済み」であることを求めているのである。

前節からの論述の流れで言えば、ディーツのピア・フィードバックの論稿が参考になる。カーレスは、対話的フィードバックの基盤に何でも腹蔵なく発言できる信頼関係の必要性を指摘したが、ディーツは、ピア・フィードバックをしっかりやっていけば、効果的なパフォーマンスの向上だけでなく学習共同体としての風土も醸成されると主張し、そして、新入生のような初心者に対しては、限定発問を通じて一つのパフォーマンスの特定の側面に絞り込んで、書面又は口頭のピア・フィードバックを肯定的な面を優先的に証拠を示させ、問題指摘に留まらず、具体的な提案をすることを求めると、フィードバックの受け手が傷つくことも少ないと言う（Diez, 2015b, pp.82-84）。つまり、信頼関係を構築するには、自らの実践に基づいて、ピア・フィードバックが有効であるという手立てを示しているのである。

表５−１

<table>
<tr><td colspan="2">フィードバックのやり取り
フィードバックのやり取りは、書き手として成長する場合の最難関の部分です。その過程を粛々と進めないと、誰かがあなたにギブ・アンド・テイクをするように感じるかもしれない。そのようなことにならないために、次の秘訣を使えば、上品でユーモアを交えて、フィードバックをしたり、受けたりできるでしょう。</td></tr>
<tr><td><u>フィードバックする際に、すべきこと、</u>
1. 徐々に発展させながらフィードバックする。
2. 書き手がうまく書いてきた事柄を支援する。
3. あなたのコメントの基礎として評価規準を用いる。
4. テキストの特定の箇所を示して、あなたが言っている事柄を分かりやすくする。
5. 誠実で親切にフィードバックする。
<u>フィードバックする際に、すべきでないこと、</u>
①レポートを書き直す。
②別の学習物であなたのスタイルを押しつける。
③気付いた問題点だけを指摘する。
④追究に値する問題を言い逃れする。
⑤成績評価をする。</td><td><u>フィードバックされる際に、すべきこと、</u>
1. 注意深く耳を傾ける。
2. 自分の学習物と自分の感情を分ける。
3. 他者の意見に対して、信頼して受け取る。
4.「有益なフィードバック」と思えば、素直に受け入れる。
5. 物事を解明しようと努める。
6. あなたの学習物に対して、相応の責任を持つ。
<u>フィードバックされる際に、すべきでないことは、</u>
①相手が不正確な受け取りと捉えた以外の弁護のための説明をする。
②単に読み手に同意する。
③「フィードバックは攻撃である」とみなす。
④相手に合わせようと、自分の学びを変える。</td></tr>
</table>

そして、次のようなピア・フィードバックのガイドラインを示して、学生にステップ・バイ・ステップで、その徹底を図っている実践を紹介している(Diez, 2015b, p.85)。

まず、３回生以降の専門教育に入った学生は、ルーブリックのパワーを実感しているので、ピア・フィードバックを介した自己評価の改善ということに力点を置き、オンライン討論でピア・フィードバックを重ねていくようにしたり、教育実習セミナーでも活用したりする（Diez, 2015b, pp.87-88)。このようなピア・フィードバックは、行う側では、同じ課題で異なるパフォーマンスを目にして、評価規準への理解が深まり、自らの成績もアップする効果があり、受ける側では、ヴィゴツキーの最近接発達帯の範囲内ならば適正な困難度で、フィードバックの頻度や量も増やすように求めることもできるので、学生も歓迎している。しかし、それを実現するために、教師は、①事前にガイダンスを行う、②ルーブリックを使ってピア・フィードバックを導く、③ペアでも小集団でも、受け手とやり手が交替できる場面を設け、④各自の学びを省察させ、⑤主専攻での使い方をモデリングして、学生に専門家のように実践させるようにする必要があると言う（Diez, 2015b, pp.89-95）。

実は、このようなピア・フィードバックの導入方法は、クラーク（Clarke, S.）も小学校教師と一緒のアクションリサーチを通じて、小学生用に少し簡略化したものを採用している（Clarke, 2015: 安藤, 2013）。この実践は、ボウドの言葉で言えば、独白から対話へ、教師から学生へ、個人から集団へ、単一の項目からカリキュラム全体へ、ということになるが（Boud, 2013, p.710）、それがアルバーノ大学では、長年にわたって実践されてきたので、どの教員でも「持続可能な」フィードバックができているのかもしれない。

しかし、この実践的方法でピア・フィードバックを導入すれば、直ぐに持続可能なフィードバックが実現できるわけではないように思う。実物例を使ったフィードバックについて、図５−２では、暗黙知の最後に提示することとしたが、1回生は、ルーブリックよりも実物例のほうがよく分かる（Hendry, 2011）ということや正確性を求める学生タイプかスタンダード重視の学生タイプかということによって、ルーブリックや注釈付き評価の捉え方が異なるという（Bell, 2013）調査結果がある。

また、2回生にホームページに実物例を載せて、その有効性を確かめたところ、学生自身で実物例から評価の規準と評価指標を見つけ出すのが難しく、大部分の学生は、実物例が学びに役立つと思っているが、実物例とフィードバックをインターネットで行うには抵抗が大きいという調査結果もある（Handley, K.et al.2011）。このような評価規準やルーブリックを学生に習得させるための手立ては、なお模索中であり、重要な研究課題になっているということである。

引用文献

安藤輝次(2006)「アルバーノ大学の一般教育カリキュラムの改革」『奈良教育大学紀要　人文・社会科学』55(1)奈良教育大学。

安藤輝次(2007)「アルバーノ大学の教員養成カリキュラム」『教育実践総合センター研究紀要』(16)奈良教育大学教育学部付属教育実践総合センター。

安藤輝次(2013)「Clarke, S. の形成的アセスメントの実践的方法(その2)」『関西大学　文学論集』第63巻第3号。

Andrade, H. and Du.Y.(2005) Student Perspectives on Rubric-referecnce Assessment, *Practical Assessment, Research and Evaluation*, 10(3).

Bell, A. et.al(2013) Students' Perceptions of the Usefulness of Making Guides, Grade Descriptors and Annotated Exemplars, *Assessment and Evaluation in Higher Education*, 38(7).

Black, P. and William, D.(1998a) Inside the Black Box, *Phi Delta Kappan*, 80(2).

Black, P.and William, D.(1998b) Assessment and Classroom Learning, *Assessment in Education : Principles, Policy and Practice*, 5(1).

Black, P. et al.(2004) Working Inside the Black Box, *Phi Delta Kappan*, 86(1).

Boud, D.et al.(2013) Rethinking Models of Feedback for Learning : the Challenge of Design, *Assessment and Evaluation in Higher Education*, 38(6).

Brookhart, S.(2007) Expanding Views About Formative Classroom Assessment : A Review of the Literature, in McMillan, J.H.(ed.)*Formative Classroom Assessment*, Teacher College Press.

Brookhart, S.(2008) *How to Give Effective Feedback to Your Students*, Association for Supervision and Curriculum Development.

Carless, D.(2006) Differing the Perceptions in the Feedback Process, *Studies in Higher Education*, 31(2).

Carless, D.(2011) Developing Sustainable Assessment Practice, *Studies in Higher Education*, 36(4).

Carless, D.(2013a) Sustainable Feedback and the Development of Student Self-Evaluative Capacities, in Price, N.S. et al.(ed.) *Reconceptualising Feedback in Higher Education : Developing Dialogue with Students*, Routledge.

Chappuis, J.(2009) *Seven Strategies of Assessment for Learning*, Assessment Training Institute.

Clarke, S.(2015) *Outstanding Formative Assessment – a Close Focus…*, material prepared by Clarke's workshop on January 27, 2015.

Diez, M.(2015a) The Central Role of Criteria in Giving Good Feedback, in Alverno

College Faculty (ed.) *Feedback is Teaching*, Alverno College.

Diez, M. (2015b) Peer Feedback : Building Student Capacity and Collegiality, in Alverno College Faculty (ed.) *Feedback is Teaching*, Alverno College.

Evans, C. (2013) Making Sense of Assessment Feedback in Higher Education, *Review of Educational Research*, 83(1).

Gutkey, T.R. (2010) Formative Assessment : The Contributions of Benjamin S. Bloom, in Andrade, H.L.and Cizek, G.J. (eds.) *Handbook of Formative Assessment*, Routledge.

Handley, K.et al. (2011) From Copying to Learning : Using Exemplars to Engage Students with Assessment Criteria and Feedback, *Assessment and Evaluation in Higher Education*, 36(1).

Hattie, J. and Timperley, H. (2007) The Power of Feedback, *Review of Educational Research*, 77(1).

Hattie, J. (2009) *Visible Learning : A Synthesis of Over 800 Meta-analysis Relating to Achievement*, . Routledge.

Hendry, G.D. (2011) Constructive Guidance and Feedback for Learning : Usefulness of Exemplars, Marking Sheets and Different Types of Feedback in a First Year Law Subject, *Assessment and Evaluation in Higher Education*, 36(1).

Herritage, M. (2010) *Formative Assessment*, Cowin Press.

Li, J.et al. (2014) Review of Assessment Feedback, *Studies in Higher Education*, 39(2).

Nicol, D.J.andMacfarlance, D. (2013) Formative Assessment and Self-Regulated Learning, *Studies in Higher Education*, 31(2).

O' donovan, B.et al. (2004) Know What I Mean ? Enhancing Student Understanding of Assessment Standards and Criteria, *Teaching in Higher Education*, 9(3).

Orsmond, P. et al. (2000) The Use of Student Derived Marking Criteria in Peer and Self-Assessment, *Assessment and Evaluation in Higher Education*, 25(1).

Ramaprasad, S. (1983) On the Definition of Feedback, *Behavioral Science*, 28.

Rust, C. et al. (2003) Improving Students' Learning by Developing Their Understanding of Assessment Criteria and Processes, *Assessment and Evaluation in Higher Education*, 28(2).

Sadler, D. (1989) Formative Assessment and the Design of Instructional Systems, *Instructional Science*, 18.

Sadler, D. (1998) Formative Assessment: Revisiting the Territory, *Assessment in Education : Principles, Policy and Practice*, 5(1).

Sadler, D. (2010) Beyond Feedback : Developing Student Capability in Complex Appraisal, *Assessment and Evaluation in Higher Education*, 35(5).

Sadler, D. (2013) Opening Up Feedback : Teaching Learners to See, in Price, N.S.et al. (ed.) *Reconceptualising Feedback in Higher Education : Developing Dialogue with Students*, Routledge.

Taras, M.(2013) Uncrossing Wires Across Sectors, in Price, N.S.et al.(ed.) *Reconceptualising Feedback in Higher Education : Developing Dialogue with Students*, Routledge.

Yang, M. and Carless, D.(2013) The Feedback Triangle and the Enhancement of Dialogic Feedback Process, *Teaching in Higher Education*, 18(3).

第6章
ルーブリックを活用した初年次のレポート指導

今日の大学では、教師の説明的授業だけでは、学生が受け身的な学びに終始して、表面的な理解しかもたらさないので、学生が学習活動をして、内的な能動性も発揮できるような深い学習に繋がるアクティブ・ラーニングが必要であると言われる（溝上慎一、2013年、283頁；松下佳代、2015年、18-19頁）。どの程度まで学習したのかということを点数のようなテスト学力で測るのではなく、学習を浅いとか深いとか言うように、質的に捉えることが求められている。ミニッツペーパーのように教師の授業改善に役立てるだけでは駄目である（Nicol, 2010, p.501）。そこでしばしば使われるのが評価規準の質的な差異を評価指標で示したルーブリックである。ここで注意したいのは、ルーブリックは、成績評価をするためだけに用いるのではない。ルーブリックは、学生の学びの途上でも導入し、自らの学びの評価をさせて、出来不出来を明確化させ、次の学びに繋げるという学習促進という形成的役割も担っているということである。

しかし、ルーブリックを学生に単に提示するだけでは、学生はその意味内容を理解できないのであり、特に大学1年生はそうであると言われる（Hendry, 2012, p.149）。ルーブリックは、評価指標によって教師の期待事項が明確になるという賛成論もあれば、ディーテールに欠けるという批判もあり、では、どうするのかと言うと、ルーブリックの特定のレベルを典型的に示す具体例を添えることが行われている（Bell et al.2013, p.771-775）。具体例をホームページに掲載してオンラインで学ばせる試みも行われているが、必ずしも明確な効果は確かめられていない。むしろ学生同士にピアを組織させて、ルーブリックをフィードバックさせたり、書面でのフィードバックを使うほうが効果的であるということが実証的に確かめられている（Nicol, 2010, Evans, 2013）。

このような問題意識に立って、学びの質的評価のためにルーブリックだけでなく具体例を添えたり、ピア評価をさせたりしながら、教師の評価と関連付けて、その教育効果を確かめる目的で「知へのパスポート」の授業を行った。その成果と課題を明らかにしたい。

1.「知へのパスポート」の授業展開

現代の初等教育における諸問題を取上げた関西大学文学部１年生対象の授業「知へのパスポート」（2015 年度春学期火曜日１限､2 単位、受講生 38 名）の到達目標は、次の３つとした。

(1) 今日の小学校や家庭・地域や子どもに関わる教育課題として何があるのかということを知っている。
(2) それぞれの教育課題について、多面的に考察し、様々な対策を知っている。
(3) 特定の教育課題について、その本質と対応策と残された問題を明らかにし、自らの言葉を使いながら、レポートにまとめ、説得力豊かに相手に伝える。

そして、成績評価は、定期試験は行わず、次のような割合で行うこととした。

平常点(40%)＋小テスト(10%)＋中間レポート(30%)＋最終レポート(20%)

授業展開については、シラバスでは、②から⑩までを学校の教科指導・生徒指導・その他の教育課題、家庭の教育課題、地域の教育課題とのみ記して割り振っていたが、第１回目（4/7）の授業で、「現代の教育課題」を受講生一人ひとりに書いてもらった後、小集団で取りまとめた結果、教育課題と選択した班の数は、次のようになった。いじめ（7)、保護者への対応や家庭との関係（6)、モンスターピアレント（4)、学力低下（4)、教師と子どもの関係（3)、体罰（2)、学校と地域との連携（2)、そして、学級崩壊、生徒指導、学級編成基準の多さ、携帯電話やテレビゲームはそれぞれ１つの班が選択した。

したがって、第２回目の授業（4/14）の冒頭において、上述のような受講生のレディネスを踏まえて、次のような授業計画（案）示した。ただし、第8回目の授業⑧と第９回目の授業⑨については、この時点では「未定」として、その後の受講生の学びを見据えながら進めていったが、⑦までの授業は、分かりやすさとまとめやすさを考慮して統計資料を多用してきたからだろうか、学力をテストの点数のみで捉える傾向がみられたので、「学力とは何か」と「学校とは何か」という問題を資料配布して、受講生に検討させる必要性を感じたので、該当週の前の授業でどんなテーマを取り上げるのかを告知して進めた。

表６－１　「知へのパスポート」の授業の実際

①	4/7	ガイダンス；現代の教育課題を自分の経験から考える
②	4/14	子どものいじめ
③	4/21	モンスターペアレント（前回までの学びの留意点を実物投影機で示す）
④	4/28	保護者の問題　（　同　上　）
⑤	5/12	地域の問題　（　同　上　）
⑥	5/19	子どもの学力低下　（　同　上　）
⑦	5/26	児童虐待；これまでの学びで分かったこと
⑧	6/2	学校とは何か
⑨	6/9	学力とは何か－小学校に焦点化して－
⑩	6/16	中間レポート検討会：レポートのルーブリック発表；発表会の資料作成要領
⑪	6/23	中間レポートづくり相談会　→　6/25 レポート提出締め切り日
⑫	6/30	中間レポートの小集団発表会
⑬	7/7	優秀な中間レポートに学ぼう
⑭	7/14	最終レポートづくり相談会；小テスト
⑮	7/21	授業での学びを振り返って；最終レポートの提出；アンケートと小集団面談

このように「知へのパスポート」の授業は、②～⑦の授業を小学校に関わる教育課題を統計的に検討させた。ただし、⑦の授業で「これまでの学びで分かったこと」をシートに書かせたところ、統計資料に基づく思考や判断に偏っていたので、⑧と⑨の授業では、立場によって学力や学校に対する見方・考え方が違ってくることに気付かせた後、⑩と⑪の授業でこれまで配布した資料を使って中間レポートを纏めさせ、それの修正版として自分で新たに見つけた資料を一つ加えて最終レポートを作成させるようにした。なお、両レポートともＡ４判２頁を本文、残り２頁に資料を掲載するとしたが、中間レポートは、Ａ３判裏表に印刷して冊子化し、相互評価を介した自分のレポートの長短所の把握に生かした。

周知のように、受講生は、大学に入学したばかりであり、高校までにレポートを作成した経験もない者が大多数であった。そのことを踏まえつつ、しかも、「知へのパスポート」という授業科目の性格上、専修の基本的課題を全体的に取り上げる必要もあって、このような授業展開としたのである。

2. 授業において重視した教育方法

第一に、小集団による評価と学びを多用した。②～⑨の授業まで受講生が統計資料を個人で読んで、纏めた後、無作為に５～６人程度で編成した小集団で再検討して、班別に分かった事柄を書いたワークシートを提出させ、それらを実物投影機で投影して、赤青緑のマーカーペンを使って正誤を明らかにするという方法を採用した。ピアによる学習及び評価と教師のフィードバックを関連付けて、学びの質的向上を図ろうとしたのである。それに伴って③～⑥の授業では、次に示すような学びの確認をプリントにして配布したり、実物投影機で映し出して、注意を喚起した。

② 4/14：(a)出典では、著者名、図書名（『』）又は論文名）（「」)、出版社名、出版年、頁の順に記す。
(b)図や表に番号を記して、どれに関連して言及しているのかを明示する。

③ 4/21：(c)統計資料の場合、特定の図や表を読んで、割合等を記した後、増減をポイントで表して、導き出せる事柄を説明する。
　　　　(d)複数の統計資料の場合、Ａの資料から(c)のようにして分かった事柄を導き、Ｂの資料でも同様の方法で分かった事柄を導いた後、ＡとＢを割合で比較対照して結論づける。
④ 4/28：(e)複数の資料を掲載し、考察した場合には、最後に「要するに」として纏めを記す。
⑤ 5/12：(f)資料は、自分の興味関心から選ぶのであってはならない。教育は、複合的に織りなされるので、できるだけ異なる資料を取上げて考察する。
⑥ 5/19：(g)インターネットで出典を示す場合には、著者名や題名が分かれば、それを記した後、ＵＲＬを書き、（○○年□月△日所在確認）と記す。

第二に、文章表現と探究・分析のルーブリックを導入した。まず、上のようなレポートづくりの決まりを確認した後、⑩の授業で、表６−２の“文章表現”のルーブリックを配布すると同時に、②〜⑥の授業において班で提出したワークシートとルーブリックの評価指標を関連付けて、どのレベルかと問いかけた。この文章表現のルーブリックは、2014 年度以来繰り返し使っ

表６−２　文章表現のルーブリック（最終レポートの到達基準をＤレベルとした）

	D	E	F	G	H
内容の構成	12. 読み手を見据えながら文章を綴っており、展開が分かりやすい。 13. 長い文章と短い文章を段落で使いながら、“興味深い”言葉を用いている。	17. 言葉や文章から読み手を意識していることが伺える。 18. 長い文章と短い文章を使い、段落の始め方も同じでない。	22. 所々何を言っているか分かりにくい言葉や文章がある。 23. 同じような文章や言葉使いが所々出てくる。	27. どちらかと言えば、自分の思いを描いているだけである。 28. 同じような文章や言葉使いが繰り返しあり、平凡である。	32. 自分の思いを勝手に描いているだけである。 33. 同じ文章や言葉使いが何度も出て来て、退屈出ある。
取り決めと出典	14. 誤字脱字がまったくない。 15. 適切な引用をしている、又は、ほぼ正確に出典を示している。 16. 内容にそって段落を設定していて、比較的読みやすい。	19. 誤字脱字がある。 20. 同じよう引用が多い、又は、引用が2カ所を除いて正確に示している。 21. 段落が幾つかあるので、圧迫感がない。	24. 誤字脱字が複数ある。 25. 不必要なスペースを取った引用がある又は引用があまり正確ではない。 26. 段落がわずかにあるので、何とか読みやすい。	29. 誤字脱字が多数ある。 30. 引用がない、又は、出典を示していない。 31. 段落がまったくない。	34. 誤字脱字が多数ある。 35. 引用がなく、出典もまったく示していない。 36. 段落がまったくない。

て、修正加筆しており、ほぼ一般化できたものである。しかし、入学直後の1年生ということを考慮して、本来ならAレベルからあるが、レベルDからレベルHまでのみを受講生に示して、最終レポートまでにレベルDに到達するように求めた。

また、中間と最終の両方のレポートにおいて、自分なりにテーマを設定して探究・分析した結果を文章表現するので、全米大学・カレッジ協会(AAC&U)のVALUEルーブリックを参考にして(Rhodes, 2010, p.23)、次のような“探究・分析”のルーブリックも受講生に示し、ホームページにおいて、②のいじめ、③のモンスターピアレント、⑦の子ども虐待に関する班の学びを纏めたプリントの一部を掲載し、どのレベルかと問いかけて、解答させるようにしたが、⑫の授業でネットにアクセスしている者が少ないことが分かったので、ネットを介した学びを促すために、⑭の授業において小テスト(4問)を実施した。

表6−3 探究・分析のルーブリック(最終レポートまでに到達基準に達するように求めた)

	到達規準(Y26～A29)	優秀な規準(Z30～S34)
テーマの選択	Y26 テーマは、創造的で、しかも扱いやすくて、おおよそ関係する点すべてを網羅している。	Z30 テーマは、これまで気づかれないほど創造的で、扱いやすくて、関係する点すべてを網羅している。
根拠資料	Y27 テーマに関して異なった角度から取上げた資料を使っている。	Z31 テーマに関して異なった角度の資料だけでなく対比的な内容の資料も使っている。
分析	Y28 複数の資料から分かった事柄を文章記述だけでなく百分率やポイントで示し、類似点や相違点を明らかにしている。	Z32 複数の資料から分かった事柄を文章記述だけでなく百分率やポイントで示し、類似点や相違点を明らかにして、一定のパターンを抽出している。
結論	Y29 テーマに関係したほとんどの点について考察し、得られた結果をまとめている。	Z33 テーマに関係したすべての点について考察し、得られた結果をまとめており、その結果がテーマ以外の検討でも生かしうることを示唆している。

なお、文章表現と探究・分析のルーブリックの下に【コメント欄】を設けて、受講生の相互評価や教師評価でも記すことができるようにした。本稿の冒頭に述べたように、書面によるフィードバックの効果もあるのではないか

と考えたからである。また、「レポートを見たことがないので、分からない」というので、過去の「知へのパスポート」で提出された受講生のレポート数編を⑩の授業で見せて、レポートに対するイメージ化を図った。

第三に、全員分の中間レポートを冊子化して、この時点では比較的優秀な5つのレポートに印を付けて、良い所を真似るように指示すると同時に、受講生一人ひとりの中間レポートについては、受講生同士の相互評価の結果と教師評価のルーブリック結果だけでなく、教師が朱書きをして、具体的な訂正や修正点を明示して返却し、⑫〜⑭の授業を通してバージョンアップした最終レポートづくりに繋げようとした。

3. 結果と考察

大学の授業評価アンケートを⑮の授業時に実施し、質問に「強くそう思う」と「そう思う」と回答した上位5つは、「教員は授業の開始・終了時刻を守ろうとしていた（96.9%）」「授業によく出席していた（93.8%）」「この授業を受けて知識が深まり、あるいは能力が高まった（90.8%）」「教室内の学習環境は保たれていた（87.8%）」「授業の進度は適切であった（87.7%）」であり、総じて高い学生評価を受けていた。しかし、本稿の目的にそって、その教育効果をデータに基づいて跡付けるすると、次のようになる。

2014年度春学期の2年次対象の授業「初等教育学専修ゼミ1」の授業については、中間レポートと最終レポートとの文章表現のルーブリック評価の増減によって、その効果を立証した（安藤輝次、2015年）。今回の初年次向けの「知へのパスポート」の授業についても、同様のことが言えるように思う。

学生には文章表現のDレベルを到達基準と定め、それ以下のレベルをルーブリックにして示し、教師評価のルーブリックもコメントを添えて返却したが、実は、成績評価では、AレベルからHレベルまでをチェックして、成績評価を行った。その結果、中間レポートでは、受講者35名全員がDレベル以下であったが、最終レポートでは、Cレベルの「内容の構成」のいずれかの指標（7. 文章は、読み手の立場から見て明瞭である。8. 長短の文章を段落で巧みに使い、“興味深い”言葉と文章を用いている。）が8名、「取り決めと出典」のいずれかの指標（9. 誤字脱字がまったくない。10. 適切な引用をしており、引用文献の書式がほとんど正確に示されている。11. 内容にそって段落を設定していて、読みやすい。）が17名となった。

しかし、探究・分析のルーブリックの授業効果を確かめることは難しい。というのは、中間レポートを返却した⑫の授業時に【スキル編】として前述の（a）から（g）と同様の改善点を示し、【原則編】として、例えば、「いじめ」の原因として、コミュニケーション不足と言っても、その切り込み方が一面的であり、複数の資料を交えて論述していないことをプリントにして注意を促さざるを得なかった。また、⑮の授業の最後に前節に述べた授業方法に関連したアンケートを5件法（1「本当にそう思う」から5の「全然思わない」まで）で実施したところ、探究・分析のルーブリックの回答の平均値（標準偏差）について、「何が押え所かということが分かる」2.58（0.92）、「自分の学びの問題をうまく解決できる」2.85（0.89）、「評価指標は理解できた」2.42（0.99）と低いことが明らかになった。

実は、文章表現のルーブリックでも、「取り決めと出典の各レベルは理解できた」が2.11（0.88）となったものの、「内容の構成の各レベルは理解できた」は2.33（0.80）であり、顕著な結果とは言い難い。要するに、1年次春学期の時点では、「レポートとは何か」ということが分かっていないのであり、論理的思考も十分展開できないので、探究・分析まで踏み込んだ論述を求めることは学びの連続帯から見て、高度すぎるということである。

この授業における最大の教育効果は、小集団学習に見出すことができよう。5件法で「小集団の話し合いに影響されて、思うように発言できなかった」を尋ねた平均値（標準偏差）は、3.21（1.12）であり、これは反転項目であるので、総じて小集団内で自由に発言できたとみなしてよい。「他人の考えと自分の考えを比べたり、組み込んだりして、どうすべきかを考えた」は2.21（1.19）で、「小集団内の発表や批評は、より適格な問題に絞り込む際に役立った」も2.24（0.92）と比較的高い。

大学の授業評価アンケート（自由記述式）でも「良かったところ、継続して欲しいところ」を記述した19名中最多の９名が「グループワークでいろいろな意見が聞けて参考になった」と回答しており、⑮の無作為抽出による６名の受講生に対する面談でも４名（男１名、女３名）が「グループワークが良かった」と発言していた。

受講生は、探究・分析のルーブリックについてあまり理解できず、活用できなかったけれども、文章表現のルーブリックについては、小集団内で相互の学びを評価し合うという評価活動に関わって、評価に関する知見を体験的に身につけてきているのではないだろうか。

ところで、先行研究の紹介の中で文書フィードバックの効果に触れていたが、本実践では、それをルーブリックの下欄に【コメント欄】を設けて、学びの方向付けを記すことを行った。そして、学期末の５件法のアンケート調査で「ルーブリックのコメント欄は、細かな点を指摘してもらえるので、あったほうがよい」の平均値（標準偏差）は、2.03（1.11）であり、69.7%が「本当にそう思う」又は「そう思う」と回答している。

また、中間レポートで評価してもらって、最終レポートをバージョンアップすることについて、アンケートでは尋ねなかったが、小集団面談において、「先生の評価にものすっごいショックを受けて、でも次から頑張ろうと思えて、最終レポートも意欲的に取り組めた」とか「先生からも、特にあの形式的な面で書き方とかそういう面できちんと訂正とかもらったんで、それに対して何か安心という気持ちになりました」という声があり、別の受講生は、中間レポートを提出して「もう１回やり直すというのが良かった」と捉えている。これもフィードバック効果と言ってよいだろう。

他方、今後の改善点としては、文章表現のルーブリックで分かりにくい評価指標を尋ねたところ、評価指標の12を７名、17を５名が挙げており、読者を意識しながら、レポートを書くことが難しいことが分かるので、この点に対するより一層の指導を行う必要があるように思う。また、ホームページを活用してルーブリックの理解を図ろうとしたが、小テストを行ったにもかかわらず、1回も問題に取り組まなかった受講生が9名、1回または2回だけ取り組んだ受講生がそれぞれ8名であった。評価指標の典型的な学生のワークシートであったかどうかを含めて、ネット活用の在り方は、今後の大きな問題である。

引用文献

安藤輝次(2015)「ルーブリックによる文章表現の評価学習法」『教職支援センター年報2014年』関西大学教育推進部教職支援センター。

溝上慎一(2013)「何をもってディープラーニングとなるのか？」河合塾編著『「深い」学びにつながるアクティブラーニング』東信堂。

松下佳代(2015)「ディープアクティブラーニングへの誘い」松下佳代編著『ディープアクティブラーニング』勁草書房。

Bell, A. et al(2013) Students' Perceptions of the Usefulness of Making Guides, Grade Descriptors and Annotated Examplars, *Assessment and Evaluation in Higher Education*, 38(7).

Evans, C. (2013) Making Sense of Assessment Feedback in Higher Education, *Review of Educational Research*, 83(1).

Hendry, G.D.(2012) Implementing Standards-Based Assessment Effectively, *Assessment and Evaluation in Higher Education*, 37(2).

Nicol, D.(2010) From Monologue to Dialogue, *Assessment and Evaluation in Higher Education*, 35(5).

Rhodes, T.L.(2010) *Assessing Outcomes and Improving Achievement : Tips and Tools for Using Rubrics*, Association of American Colleges and University.

第7章 ルーブリックによる文章表現の評価学習法

1. はじめに

わが国の大学において、ルーブリックは、成績評価の客観性を保つという観点から取り入れられがちであり、厳格で効率的な成績評価に力点を置いてきた。確かに、規準別に質的差異を文章記述によって等級化した文章記述のルーブリックを採用すれば、教師は、学生のレポートをより厳密かつ正確に評価することができる。しかし、私が2014年4月にポートランド州立大学を訪問し、スティーブンス（Stevens, D.）と意見交換をした時、ルーブリックは、教師から上のような成績評価で使うだけでなく、学生にとっても相互評価や自己評価を介した学びを促し、生涯学習の面でも意義深いという点で意見が一致した。彼女は、ルーブリックの専門書の邦訳（スティーブンス, 2004）もされており、わが国でも広く知られている研究者である。

ルーブリックは、1980年代のアメリカにおいてどの文章表現でも通用する一般的ルーブリックを小中学校向けに開発されたことに始まるが、他方、第3章で指摘したように、教師の成績評価の自己正当化の手段となり、自由な文章表現が阻害されるのではないかとも危惧されてきた。実際、わが国の小学校や中学校の一部では、成績評価だけでなく学習促進のためにルーブリックを活用した実践も一部ではなされてきた（安藤, 2014）。

2.「初等教育学専修ゼミ 1」の授業展開

関西大学文学部初等教育学専修2年生向けの2014年度春学期の「初等教育学専修ゼミ 1」の授業（受講者数25名）では、次の到達目標の②③の達成に努める中で①に触れ、中間レポートの作成後、最終レポートで④の提言をさせようとした。

① 小学校教育における現代的課題（学力や人間関係など）について理解する。

② 小学校における教師中心の教育実践の特徴と課題を知っている。

③ 小学校における子ども中心の教育実践の特徴と課題を知っている。

④ 小学校の望ましい教育実践について協働的に考えた事柄を踏まえて、提言できる。

そして、成績評価は、①に関連してⒶワークシートとミニレポート（20%）、②と③を問うⒷ小テスト（10%）、①②③を踏まえ、④に関連してⒸ中間レポート（30%）とⒹ最終レポート（30%）を、また全体的に見てⒺ授業貢献度（10%）を合算して下すこととした。なお、ほとんど毎回の授業で、基本的にはランダムにメンバーを選んで小集団を創って、話し合いの機会を設けた。

さて、第一部「私が考える“小学校における良い教育実践”とは？」の初回は、オリエンテーションの後、受講生にクリアファイルを渡して、学びの過程で生み出したワークシートやレポート（下書きを含む）などの“学習物”をポートフォリオに入れて活用するための説明を行った。第2回目は、図7−1に示すように、「良い教育実践の要素」をワークシートに書かせ、班で話し合わせた。

そして、第3回目では、図7−2に示すように、2013年度に「教育とは何か」というテーマで学生2名が書いた優劣の質的に明らかに異なるレポートを提示し、それぞれの特徴を抽出させ、評価規準を意識しながら、どちらが優れているのかを評価させた結果、当初の予想通り、受講生全体としては

優先順位をつける：ワークシート

H26年　4月15日　学籍番号　　　　　　氏名　　　　　　　　5班

課題［　良い教育実践に必要な構成要素を挙げよう　］

①　あなたのアイディアをリストアップしなさい。

1. 学びやすい環境づくり
2. 生徒とのコミュニケーション
3. 使用する教材の研究
4. 生徒や周囲の人との信頼関係
5. 目標や内容の設定
6. 生徒の到達度の確認
7. 生徒の到達度にあった教材
8. 生徒、保護者の理解
9. 生徒の環境の確認
10. 念入りな準備、確認

・生徒が考える時間
・教師自身の知識
・教師の熱意
・楽しさ
・経験させること（児童、生徒に）
・教材
・児童・生徒

②それらのアイディアの中から大切と思うものを４つ選びなさい。

A. 生徒とのコミュニケーション
B. 念入りな準備、確認
C. 学びやすい環境づくり
D. 目標や内容の明確な設定

まとめ
（生徒・児童・教師が存在することを前提とし、生徒とコミュニケーションをとって人間関係を確立し、児童生徒に積極的に授業に参加してもらうことで経験をつんでもらうこと）

③　AからDを一番目から四番目まで優先順位をつけなさい。

C→A→D→B

④　それぞれに優先順位をつけた理由を述べなさい。

順位	その理由
1.	C. 学びやすい環境づくり →やはり、荒れた教室や、乱れた空気の中では、生徒児童が安心することもできないし、集中することも難しいから。
2.	A. 生徒とのコミュニケーション →生徒児童とコミュニケーションをとる中で、当人の考えている事、背景などを感じとり、また、指導方針などを伝えることで、双方で理解できるのではないかと考えるから。
3.	D. 目標や内容の明確な設定 →授業を行うにあたって、一本の筋は必要であり、目標や内容を一つ決めておくことによって、不必要なブレを防ぐことができると考えるから。
4.	B. 念入りな準備、確認

→実際に生徒、児童と接するにあたって、生徒・児童の情報を入れ、対応の仕方などを準備することで、コミュニケーションをとりやすくなる。また、使用する教材を研究することで生徒の疑問にある程度対応できると考えるから。

図７－１　良い教育実践の要素に目を向けさせる

「教育とは何か」：どっちがよいか？　どうよいのか？

学籍番号＿＿＿＿＿＿＿＿　氏名＿＿＿＿＿＿＿＿

Aタイプと Bタイプは、「教育とは何か」という課題についてのレポートです。二つの文章を読んで、どちらが優れていると思いますか？　その判断の規準を述べて、具体的な説明をそれぞれのタイプの箇所で行いなさい。

優れているのは　Aタイプ		
その理由：段落分けや言葉の使い方がめちゃくちゃで、文章のルールは守れていないが、結論が始めから終わりまでブレずに一貫しているのが良いと感じる。また、具体例に関する説明も豊富で、何の話をしているかが分かりやすかった。生徒中心に考えるという論点が興味深かった。		
特　徴	Aタイプ	Bタイプ
	○子どもに対して教師はサポート役。 ×段落分けが出来ていない。 ○教師は子ども達と一緒に学び、成長すべき。 ○結論は子供たちと向き合い、サポートすることが大切だということ。	・教師は生徒に伝えることが仕事。 ・教師中心の文章。 ・教師が生徒に対してどう伝えられるかが大切。 ・結論は私が教師になった時に取り入れることで大切にするということ。
評価規準		
文章のルール	段落分けができていない。 同格名詞のみで少し読みにくい所がある。	段落分け、句読点はほぼ問題ない。 「〜たり」の使い方が気になる。 文章の重複が多い
結論	終始一貫していて読みやすい。	結論が今後の自分の課題についてになっていることが気になる。

図７−２　過去のレポートをサンプルに考えさせる

a）内容の構成、b）出典と証拠、という２つの評価規準に集約できるということになった。そこでa）とb）の規準ごとに５つの級と級外に分けたルーブリックを配布し、受講生が分かりにくい表現に下線を引くように指示し、発表させて、私が説明し、文言の修正を行ってルーブリックを作成した。

そして、このルーブリックを手がかりに、第４回目の授業で「小学校の良い教育実践」に関するミニレポート（Ａ４判１枚）を書いて提出させ、採点して（表７−１参照)、次時に返却した。

第二部「教師中心の実践と子ども中心の実践」では、最初の２回ずつを教師中心の実践（三本木小学校と花まる学習塾）と子ども中心の実践（安東小学校と緒川小学校）についてビデオと文章資料で把握させて、それぞれの長所と短所を理解させた後、小テストを実施して、基本知識をチェックし、解答を示した後、不十分な箇所の補充指導を行った。

第10回目の授業では、学級経営の実践例を紹介する予定であったが、受講生にとっては教師中心が12名、子ども中心が13名と拮抗しており、双方の長所と短所をより際立せる好機と考えたので、その予定を変更して、異なる立場の者を組合せた班を編成してディベート風に話し合わせた後、中間レポートの課題「教師中心と子ども中心のそれぞれの長短所を踏まえて、どの

表７−１　ミニレポートのルーブリック

あなたのミニレポートを評価すると……					氏名	
	1級	**2級**	**3級**	**4級**	**5級**	**級外**
内容の構成	□文章は、読み手の立場から見て明瞭であり、説得力がある。□長短の文章を段落で巧みに使い、注目すべき言葉や文章を示しており、印象深い。	□文章は、読み手の立場に立っていて、明瞭である。□長い文章と短い文章を段落で使いながら、興味深い言葉や文章を用いている。	□読み手の立場に立って、自分の主張を述べている。✓長い文章と短い文章を使い、段落の始め方も同じでない。	□文章は、所々何を言っているか分かりにくい。□所々で同じような文章や言葉使いが出て来る。	✓どちらかと言えば、自分の思いを描いているだけという印象がある。□同じような文章や言葉使いが出てきて、平凡である。	□自分の思いを自分勝手に描いているだけである。□同じ文章や言葉使いが何度も出て来て、退屈である。
出典と証拠	□誤字脱字がまったくなく、内容にそって段落が設定されていて、とても読みやすい。		✓ü誤字脱字がまったくない。□内容にそって段落が設定されていて、読みやすい。	□誤字脱字がある。✓段落が幾つかあるので、圧迫感がない。	□誤字脱字が複数ある。□段落がわずかにあるので、何とか読みやすい。	□誤字脱字が多数ある。□段落がまったくない。

【コメント】証拠や根拠は専門家の意見・考えをふまえて示すようにしましょう。教育実践で最低限必要な「教師・児童・学校」のなかの「学校」とは具体的にどのようなものでしょうか？「クラスの人数と教師の人数のバランスをうまく保つ」ことは、本当に「学びやすい環境」になるでしょうか？

ような教育実践が望ましいと思うのかを論じなさい」ということを示した。また、中間レポートをAからFまでの6つのレベルに分けたルーブリックに照らして評価するだけでなく、①これまでの配布資料やビデオ視聴で書いたシートによって考えの根拠を明示し、②必要なら絵や図で示し、③一番上に内容を的確に示す題名を記す、という3つの要件も満たして、A4判2枚以内で書くように指示した。

なお、表7−2から分かるように、中間レポートで使った文章表現のルーブリックは、通常とは違って、もっとも高いAレベルは、第一に、a）やb）の評価規準に分離して評価するのではなく、統合的にみなすようにしており、第二に、ミニレポートのルーブリックと同様、コメント欄も添えている

表7−2　中間レポートと最終レポートで使ったルーブリック

	A	B	C	D	E	F
内容の構成	□文章は、読み手の立場から見て明瞭であり、説得力がある。 □長短の文章を段落で巧みに使い、“注目すべき”言葉や文章を示しており、印象深い。	□読み手を見据えながら文章を綴っており、展開が分かりやすい。 □長い文章と短い文章を段落で使いながら、“興味深い”言葉や文章を用いている。	□言葉や文章から読み手を意識していることが伺える。 □長い文章と短い文章を使い、段落の始め方も同じでない。	□所々何を言っているか分かりにくい言葉や文章がある。 □同じような文章や言葉使いが所々出てくる。	□どちらかと言えば、自分の思いを描いているだけという印象がある。 □同じような文章や言葉使いが繰り返し出てきて、平凡である。	□自分の思いを勝手に描いているだけである。 □同じ文章や言葉使いが何度も出て来て、退屈である。
取り決めと出典	□誤字脱字がまったくなく、内容にそって段落が設定されていて、とても読みやすい。 □適切な引用をしており、出典が（著者名・図書又は文献名・出版社、発行年、頁の順に）正確に示されている。	□誤字脱字がまったくない。 □適切な引用をしている、又は、ほぼ正確に出典をしている。 □内容にそって段落が設定されていて、読みやすい。	□誤字脱字がある。 □同じような引用が多い、又は、出典が2カ所を除いて正確に示されている。 □段落が幾つかあるので、圧迫感がない。	□誤字脱字が複数ある。 □不必要に多くのスペースを取った引用である。又は、出典があまり正確に示されていない。 □段落がわずかにあるので、何とか読みやすい。	□誤字脱字が多数ある。 □引用がない、又は、出典が示されていない。 □段落がまったくない。	□誤字脱字が多数ある。 □引用がない、又は、出典が示されていない。 □段落がまったくない。

【コメント】

ことが特徴的である。第１点目は、私自身10年以上前から採用してきた方式であり（安藤, 2004, p.147）、第２点目のコメントの効用は、数多くの研究者が指摘している点である（Clarke, 2003, pp.125-129 ; Moss and Brookhart, 2009, pp.45-46）。

また、中間レポートを作成する際に、想定を整理するワークシートを使って、⑴想定している事柄を述べる、⑵その想定を証拠や根拠で裏付ける、⑶その想定が理に叶っているかどうかについて、理由も添えて結論付ける、ということを書かせたり、どちらかと言えば子ども中心か教師中心かという判断を示すワークシートを配布して、考えさせた。そして、第二部の最後の第11回目の授業では、教育の現代的課題としてコンピテンシーへの注目という現代的動向にも触れて、このレポート課題に対する学生たちの視野を広げさせようとした。

第三部「現代の教育課題を見据えて小学校の教育実践を考える」における第12回目の授業では、中間レポートを教師のルーブリック（コメントを含む）評価を添えて返却し、最終レポートでは、中間レポートの要件に加えて、結論をより強固にするために自分で調べた資料を最低１つを組み込んで、A4判２枚に限りなく近づけて書くという執筆要領を発表した。さらに前週に学生用ポートフォリオを提出させたので、この時間中にティーチング・アシスタント（TA）が学習物に適宜コメントを付して返却した。

そして、第13回目の授業では、最終レポートにおいて各自の中間レポートをバージョンアップするために、どこをどのように修正すればよいのかという見本を示すために、複数の受講生のワークシートを参照して作成した図７−３の「判断を下す」ワークシートのサンプルを作って、配布した。また、各自でこれまでの学びの変容を見える化して、具体的に実感させるために、図７−４のような一覧表のワークシートを配って、自分の学びを時系列に綴らせた。学生は、これまで他の授業でもレポートを何度か書き、提出してきた。そして、同じテーマのレポートを中間レポートと最終レポートで二回提出するように指示すると、ルーブリックを示しているとは言え、内容を

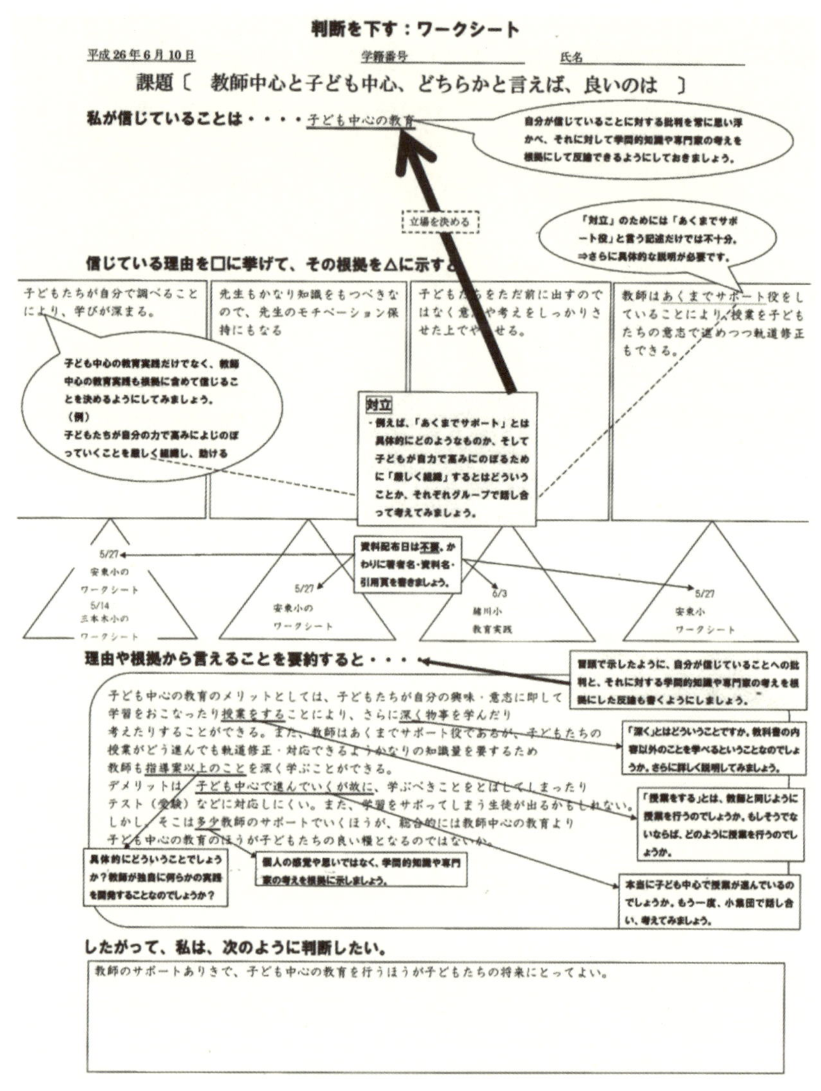

判断を下す：ワークシート

平成26年6月10日　学籍番号＿＿＿＿　氏名＿＿＿＿

課題〔　教師中心と子ども中心、どちらかと言えば、良いのは　〕

私が信じていることは・・・・子ども中心の教育

自分が信じていることに対する批判を常に思い浮かべ、それに対して学問的知識や専門家の考えを根拠にして反論できるようにしておきましょう。

立場を決める

「対立」のためには「あくまでサポート役」と言う記述だけでは不十分。
⇒さらに具体的な説明が必要です。

信じている理由を□に挙げて、その根拠を△に示すと

子どもたちが自分で調べることにより、学びが深まる。

先生もかなり知識をもつべきなので、先生のモチベーション保持にもなる

子どもたちをただ前に出すのではなく意欲や考えをしっかりさせた上でやらせる。

教師はあくまでサポート役をしていることにより、授業を子どもたちの意志で進めつつ軌道修正もできる。

子ども中心の教育実践だけでなく、教師中心の教育実践も根拠に含めて信じることを決めるようにしてみましょう。
（例）
子どもたちが自分の力で高みによじのぼっていくことを厳しく組織し、助ける

対立
・例えば、「あくまでサポート」とは具体的にどのようなものか、そして子どもが自力で高みにのぼるために「厳しく組織」するとはどういうことか、それぞれグループで話し合って考えてみましょう。

資料配布日は不要。かわりに著者名・資料名・引用頁を書きましょう。

5/27 安東小のワークシート 5/14 三本木小のワークシート

5/27 安東小のワークシート

6/3 緒川小 教育実践

5/27 安東小 ワークシート

理由や根拠から言えることを要約すると・・・

冒頭で示したように、自分が信じていることへの批判と、それに対する学問的知識や専門家の考えを根拠にした反論も書くようにしましょう。

子ども中心の教育のメリットとしては、子どもたちが自分の興味・意志に即して学習をおこなったり授業をすることにより、さらに深く物事を学んだり考えたりすることができる。また、教師はあくまでサポート役であるが、子どもたちの授業がどう進んでも軌道修正・対応できるようかなりの知識量を要するため教師も指導案以上のことを深く学ぶことができる。
デメリットは、子ども中心で進んでいくが故に、学ぶべきことをとばしてしまったりテスト（受験）などに対応しにくい。また、学習をサボってしまう生徒が出るかもしれない。
しかし、そこは多少教師のサポートでいくほうが、総合的には教師中心の教育より子ども中心の教育のほうが子どもたちの良い糧となるのではないか。

「深く」とはどういうことですか。教科書の内容以外のことを学べるということなのでしょうか。さらに詳しく説明してみましょう。

「授業をする」とは、教師と同じように授業を行うのでしょうか。もしそうでないならば、どのように授業を行うのでしょうか。

具体的にどういうことでしょうか？教師が独自に何らかの実践を開発することなのでしょうか？

個人の感覚や思いではなく、学問的知識や専門家の考えを根拠に示しましょう。

本当に子ども中心で授業が進んでいるのでしょうか。もう一度、小集団で話し合い、考えてみましょう。

したがって、私は、次のように判断したい。

教師のサポートありきで、子ども中心の教育を行うほうが子どもたちの将来にとってよい。

図７−３　よりよい最終レポートのためのポイントの明示

バージョンアップするよりも「これでいいか」と手抜きになり易い。そのようなことを避ける手立てとして、図７−３のサンプルや図７−４のような学

私の学びの歩みを振り返って

学籍番号＿＿＿＿＿＿＿＿　氏名＿＿＿＿＿＿＿＿

授業内容や配付資料だけでなく自分で調べたり、学んだ事柄もあれば、記してください。

日/月	題　名	内容（変化した原因も記す）
4/15	ワークシート「優先順位をつける」	良い教育実践に必要な構成要素を考えた。最も大切なのは「学びやすい環境づくり」であると思っていた。この頃は教師中心の教育実践の考え方が強い。
4/22	ワークシート「想定」	「よりよい教育実践とは」という問いに対し、具体的な事柄で想定した。「学びやすい環境づくり」や「教師・児童間のコミュニケーション」について、自分なりの根拠とで裏付け、結論づけた。
5/13	映像観察シート「三本木小教育実践」	教師中心の教育実践の例として三本木小の映像を見た。その中で、三本木小の教育実践の取り組みの特徴は「教師の考えに誘導していたり、学びが組織化されていることだと考えた。
5/13	ミニレポート「よりよい教育実践とは」	4/15、4/22のワークシートをもとに、「よりよい教育実践とは」という形でレポートを書いた。教師中心の教育実践に偏った内容のレポートになっている。
5/20	映像観察シート「花まる学習会教育実践」	教師中心の教育実践の例として、花まる学習会の映像を見た。花まる学習会の教育実践の取り組みの特徴は、「教材づくりの工夫や、教育技術の工夫」にあると考えた。また、三本木小と花まる学習会の教育実践には「一斉授業」や、「知識や技能の系統的伝達」という共通点が見られた。
5/27	ワークシート「安東小学校における教育実践の特徴は？」	子ども中心の教育実践の例として、安東小学校の映像を見た。特徴は「カルテや座席表によって児童を位置づけたり、自ら追究する見通し児童する子を目指す」というものだと考える。一斉授業より、子ども中心の教育実践のほうが分かりやすいと考えはじめた。
6/3	ワークシート「緒川小学校における教育実践の特徴は？」	子ども中心の教育実践の例として、緒川小の映像を見た。特徴は、「指導の個別化や、学習の個性化をもとに、一斉画一授業の打破を目指す」というものだと考える。
6/24	中間レポート	「よりよい教育実践」というテーマで、子ども中心の教育実践と教師中心の教育実践を比較し、子ども中心の教育実践の良さを述べた。
7/1	レポート討論会	中間レポートを持ち寄って、意見を交流した。子ども中心と教師中心の双方のメリット・デメリットが、自分で考えていた以上に意見として出てきたことで、最終レポートへのいいつなぎになった。

私の学びの歩みを振り返って、まとめると・・・

授業で受ける前までの自分の考えは教師中心の教育実践と一致していたが、子ども中心の教育実践の取り組みを学び、考え方が少し変わった。結論としては、どちらが良いとは言えず、2つを上手くかけ合わせて行う教育実践が最も良い教育実践であると考える。

・[illegible]の割合の詳細を書く。

図７−４　学びを振り返って最終レポートを創る

びの振り返りをさせて、最終レポートづくりへの見通しをえやすいようにしたのである。

第14回目は、すべての学生の最終レポートに『教育実践を考える：古くて新しい問題：教師中心VS子ども中心　どのように克服するか？」と題する表紙と「はじめに」及び「目次」を添えて、冊子化して配布した。そして、「はじめに」の冒頭を次のような文面で綴った。

「デューイ（Dewey, J.）が『子どもとカリキュラム』において、教師中心でも子ども中心でもなく、両者を超越するカリキュラムを追究した著書を出版したのが1902年です。つまり、100年以上前から教師中心か子ども中心かという問題が論議されてきました。初等教育学専修ゼミ1の受講者は、小学校教員になりたいという希望者が多いかと思いますが、皆さんが教職に就いてもこの根本問題に直面し、悩むこともあるでしょう。だから、教員養成段階からこのことをそれぞれで熟考しておく意味があると思います。」

これは、私がこの授業を通してねらっていた隠しテーマであった。そして、デューイの結論を一言で言えば、“子どもの経験の再構成”ということであった。最終レポートでは、受講生は、教師中心か子ども中心かを越える手立てを考えた。彼らのレポートを見る限り、二者択一が良いとする内容はなかったように思う。

3. 本実践の結果

この授業を計画していた段階では、全米大学・カレッジ教育協会（AAC&U）の「学部生の学習の妥当な評価（Valid Assessment of Learning in Understanding Education：VALUE)」のルーブリックを参考にしようとした。文章表現（written communication）のVALUEルーブリックは、ⓐ書く内容と目的、ⓑ内容の展開、ⓒジャンルと学問的な取り決め、ⓓ出典と証拠、ⓔ意味統一性の評価規準を4つのレベルで示している（Rhodes, 2010, p.29)。しかし、授業のミニレポートづくりの前に過去の優劣のレポートを提示して、評価規準を受講生から導き出そうとしたが、その判断規準でさえ、彼らはよく分かっていないことが明らかになった。したがって、この授業のレポートづくりでは、２つ程度の評価規準でより多くのレベル分けをしたルーブリックを採用するほうが有効であると判断した。

さて、「教師中心と子ども中心のそれぞれの長所短所を踏まえて、どのような教育実践が望ましいのか」という課題で中間レポートを６月24日に提出させ、最終レポートを７月13日までに電子メールで送付させた。表７−３は、全受講生を無作為に25番目まで並べて、表７−１のルーブリックの上の評価規準「内容の構成」、下の評価規準「取り決めと出典」をそれぞれ１と２として、中間や最終のレポート別に纏めたものである。点数は、表７−１のルーブリックのＡレベルを５点として、レベルが下がるごとに１点を減らし、Ｆレベルを０点とし、同じレベル内に複数の評価指標があるので、それらを加算して評価指標の数で割って算出した。

その結果、第一に、表７−３の中間と最終のレポートの総点の増減から分かるように、22番の学生を除く全受講生が最終レポートで二つの評価規準を合せて3.26ポイント伸びており、学習促進機能が発揮されている。第二に、評価規準の「内容の構成」では、平均2.36ポイント伸びているが、「取り決めと出典」では、0.84ポイントの伸びに留まっている。受講生は、内容

表７−３　ルーブリックから見た中間レポートと最終レポートの差異

	平均	1	2	3	4	5	6	7	8	9	10	11	12	13	14	15	16	17	18	19	20	21	22	23	24	25
中間1	4.04	6	4	5	6	4	5	6	4	3	4	4	2	4	4	5	4	2	4	3	3	4	4	5	3	3
最終1	6.40	7	8	7	9	5	7	7	7	7	6	5	7	6	5	7	6	7	8	3	6	7	4	8	6	5
増減	+2.36	+1.0	+4	+2	+3	+1	+2	+1	+3	+4	+2	+1	+5	+2	+1	+2	+2	+5	+4	±0	+3	+3	±0	+3	+3	+2
中間2	2.74	3.5	2.5	3.5	2	1.5	4	3.5	2.5	2.5	2	2	1.5	3	2.5	2	2	2	3	2.5	3	3.5	3.5	3.5	3.5	2.5
最終2	3.58	4	3.5	5	3.5	3	4.5	4	3.5	3.5	3.5	3.5	4	3.5	3.5	3.5	2	3.5	4	3	2.5	3.5	3.5	4.5	3.5	3.5
増減	+0.84	+.5	+1	+1.5	+1.5	+1.5	+.5	+.5	+1	+1	+1.5	+1.5	+2.5	+.5	+1	+1.5	±0	+1.5	+1	+.5	-.5	±0	±0	+1	±0	+1
中間総点	6.74	9.5	6.5	8.5	8	5.5	9	9.5	6.5	5.5	6	6	3.5	7	6.5	7	6	4	7	5.5	6	7.5	7.5	8.5	6.5	5.5
最終総点	10.00	11	11.5	12	12.5	8	11.5	11.5	10.5	10.5	9.5	8.5	11	9.5	8.5	10.5	8	10.5	12	6	8.5	10.5	7.5	12.5	9.5	8.5
増減	+3.26	+1.5	+5	+3.5	+4.5	+2.5	+2.5	+2	+4.5	+5	+3.5	+2.5	+7.5	+2.5	+2	+3.5	+2	+6.5	+5	+.5	+2.5	+3	±0	+4	+3	+3

の構成のための各種のワークシートを使用したからかもしれないが、取り決めと出典より内容の構成に関心が大きいように思う。

もちろん、同じルーブリックを受講生に提示しただけで、中間レポートから最終レポートの質が上がったのではない。中間レポートと最終レポートの提出の間の20日間で、ポートフォリオにコメントを付けて返却し、判断のワークシートのサンプルを示し、これまでの学びを振り返らせたりした。小集団でルーブリックを使って中間レポートの相互評価をすることも行った。

なお、N学生を優先順位のワークシート（図7−1）、優劣のレポートからの評価規準づくり（図7−2）、ミニレポートのルーブリック（表7−1）、最終レポート作成のための学びの振り返り（図7−3）のサンプルとして紹介したが、この学生は、表7−3の12番であって、内容の構成が5ポイント、取り決めと出典が2.5ポイント、計7.5ポイントと最も伸びが大きい学生である。

さて、最後の授業でアンケートを行った結果、表7−4のようになった。質問1から質問9までは、小集団の話し合いやレポートやワークシートの作成、自己評価や相互評価などアクティブラーニングを導入した結果を授業の初めの4月22日と最後の7月22日に問うたものである。項目の補足的な説明は、人数を記している以外は、すべて1名である。

表7−4から分かることは、第一に、アクティブラーニングに関わる質問1から質問8までの一部の質問で比較的前向きの傾向を見出すことができるということである。例えば、質問2「新しい事柄を学ぶように言われると、難しそうでも、『何とかできそうだ』と思った」については、「4. そう思わない」と「5. 全然思わない」の授業の当初と最後の回答が21.7%から4.2%に減っている。また、反転項目の質問7「十分な時間と教師の助けがあっても、この授業は、負担が多くて、嫌だと思った」でも、4と5の回答が87.5%から54.2%に激減している。その他の質問については、「3. 分からない」の増減があり、明確な傾向は見られない。半数以上の質問で肯定的な反応がなかったのは、質問27の「中間レポートづくり」に「3時間以内」や「それ

表７−４ 初教専修ゼミ１の授業に対する見方・考え方

（2014.7.22 実施）

このアンケートは、今回の初等教育学専修ゼミ１に対する皆さんの見方・考え方を調べるものであって、あなた個人の状況を調べて、成績評価に結びつけるものではありません。したがって、正直に今思っていることを、次のようにして答えてください。1=本当にそう思う、２＝そう思う、３＝分からない、４＝そう思わない、５＝全然思わない

例：私は、◎△□大学が好きだ。　　　１ ②　３　４　５

また、それぞれの質問の下に設けた〔　　　　〕に補足的な説明を記して下さい。

今回の初等教育学専修ゼミ１の授業（受講者数24名）について・・・

＜上段：プレ調査（2014.4.22 実施）　下段：ポスト調査　補足的説明はポストのみ。数字は百分率を示す＞

	1	2	3	4	5
１．「教師が学んで欲しい」という事柄について、積極的に取り組もうとした。 〔不安がどうしても先に立つ。〕	16.7	83.3	0	0	0
	100				
	33.3	62.5	4.2	0	0
	95.8				
２．新しい事柄を学ぶように言われると、難しそうでも、「何とかできそうだ」と思った。 〔　　　　　　　　〕	13.0	52.2	13.0	21.7	0
	65.2			21.7	
	12.5	50.0	33.3	4.2	0
	62.5			4.2	
３．教師からあれこれ「やって欲しい」と指示されて、正直、面倒だと感じた。 〔他のゼミと比べると、提出物が多かった。新しいことを学びたかったから、全くそのようには感じなかった。最後に沢山課題がなくてよかった。〕	4.2	29.2	12.5	50.0	4.2
	33.4			54.2	
	0	12.5	45.8	33.3	8.3
	12.5			41.6	
４．本当に新しい物事を学べた、あるいは、学べそうなので、ワクワクした。 〔知らないことが多くて、すごくためになった。本当に新しい物事を学べたと思います。必要なものと考え、学んでいた。自分の知らない知識について学ぶのは視野が広がって楽しかった。実際の教師生活に役立ちそうだった。いろんな人の授業を見れた。新しいことはワクワクする。〕	29.2	50.0	8.3	12.5	0
	79.2			12.5	
	8.3	62.5	25	4.2	0
	70.8			4.2	
５．ああすれば良い、こうすれば良いというアイディアがあまり浮かばなかった。 〔色々な考えから自分の考えを持てた。一つのアイデアに少し依存しすぎたが、色々浮かんだ。文献を読んだり、他の意見を取り入れて初めて、アイデアが浮かぶ。自分の教育に対する考えが浅いと感じた。思いつくものについては出てくるが、分からないものは難しかった。もう少しヒントがほしかった。〕	0	45.8	16.7	33.3	4.2
	45.8			37.5	
	8.3	29.2	25.0	33.3	4.2
	37.5			37.5	
６．この授業で何か新しい物事を学べるのではないかと楽しみにしていた。 〔次に見る予定の小学校教育のビデオが楽しみであった。毎回知らない言葉や物事が出てくるのが楽しみだった。ビデオやディスカッションで発見したり、考えることが何度もあった。〕	33.3	54.2	4.2	4.2	4.2
	87.5			8.4	
	12.5	62.5	20.8	4.2	0
	75.0			4.2	
７．十分な時間と教師の助けがあっても、この授業は、負担が多くて、嫌だと思った。 〔ためになる内容で嫌とは思わなかった(2名)。レポートが多かった（2名)。確かに一般教養と違って、やることがいっぱいあった。レポートの準備期間をもう少し欲しかった。〕	0	0	12.5	70.8	16.7
	0			87.5	
	0	16.7	29.2	50	4.2
	16.7			54.2	
８．授業における自分の学びの歩みを辿るためにじっくりと時間を費やしてきた。 〔3回のレポートがあったので、考えが深まった。いろんな図書やネットで調べる、調べようと思った。家や学校での空き時間などにも自分の学びを深めた。自分の考えを明確にしたかった。他の授業なども あって、忙しかった。〕	33.3	45.8	8.3	8.3	4.2
	79.1			12.5	
	8.3	41.7	29.2	20.8	0
	50			20.8	
９．この授業で学んだレポートの書き方を他の授業のレポートづくりにも生かしている。 〔引用のやり方評価規準によって書き方の例が分かった(2名)。ルーブリックを見ながら書きたい。レポートの書き方は大事だと思う。引用文献の書き方などは他レポートでも使えた。〕	33.3	58.3	4.2	4.2	0
	91.6			4.2	
12. 評価規準「内容の構成」の各レベルについて分かった。 〔分かったつもりだが、レポートにあまり活かされなかった。〕	12.5	58.3	20.8	4.2	4.2
	70.8			8.4	
13. 評価規準「取り決めと出典」の各レベルについて分かった。 〔出典の書き方が分かった。分かったつもりだが、レポートにあまり活かされなかった。〕	33.3	54.2	12.5	0	0
	87.5				
14. 小集団学習をして、ルーブリックに対する理解が深まった。 〔小集団での話し合いをレポートにも書いた(2名)。〕	16.7	58.3	16.7	8.3	0
	75			8.3	
15. ルーブリックの評価規準は、ミニレポートをつくる際に役立った。 〔ルーブリックのことについて考えていなかった。特に活かせなかった。〕	16.7	41.7	25.0	12.5	4.2
	58.4			16.7	

質問	1	2	3	4	5
16. ルーブリックの評価規準は、中間レポートをつくる際に役立った。〔2回目のルーブリックの説明にそってレポートを作成することができた。特に活かせなかった。〕	33.3	45.8	12.5	4.2	4.2
	79.1			8.4	
17. ルーブリックの評価規準は、最終レポートをつくる際に役立った。〔自分のレポートと比較して書くことができた。役立ったが、評価を高くしようとしてもなかなかならなかった。ルーブリックを見てレポートに取り組んだ。目指す目標を意識し、書き方を変えた。〕	37.5	50	8.3	0	4.2
	87.5			4.2	
18. ルーブリックのコメント欄は、より良いレポートづくりに役立った。〔自分に足りない部分が分かった。濁点についての注意にとらわれすぎた。〕	33.3	54.2	4.2	8.3	0
	87.5			8.3	
19.「想定」のワークシートは、より良いレポートづくりに役立った。〔レポートが書きやすくなった。先に軸道を立てることで、レポートが書きやすかった（2名）。よく分からなかった(2名)。もう少し説明がほしかった。〕	8.3	33.3	41.7	16.7	0
	41.6			16.7	
20.「優先順位」のワークシートは、より良いレポートづくりに役立った。〔　〕	12.5	37.5	33.3	12.5	4.2
	50			16.7	
21.「判断を下す」ワークシートは、より良いレポートづくりに役立った。〔どういう展開で書くか定まった。ワークシートを先に書くことでレポートが書きやすかった。どっちが良い悪いはつけにくかった。〕	12.5	41.7	37.5	8.3	0
	54.2			8.3	
22. ポートフォリオでTAにもらったコメントは、より良いレポートづくりに役立った。〔直せたかどうか分からないが、何をするにも脳裏に浮かぶようになった(2名)。引用に気を付けた。もう少し詳しく書いておいて欲しかった。〕	16.7	62.5	12.5	8.3	0
	79.2			8.3	
23. 小集団による発表や批評は、より良いレポートづくりに役立った。〔他の人の意見がきけてよかった（4名)。他人のレポートを見れるのは良い。皆の意見を聞くことにより、考え方はがらっと変わったかもしれない。〕	33.3	50	4.2	12.5	0
	83.3			12.5	
24. 最後にポートフォリオを振り返ったことは、より良いレポートづくりに役立った。〔レポートを書く上で何を見られているのか意識して書くことができる。特に振り返っていない。〕	16.7	58.3	25	0	0
	75				
25. 来学期からレポートを書く際には、このルーブリックを活用したい。〔基本的にチェックする点が分かりやすくて良い。レポートの書き型的なものを教えてくれる。〕	29.2	41.7	20.8	4.2	4.2
	70.9			8.4	

質問	1時間以内	2時間以内	3時間以内	それ以上
26. ミニレポートづくりにかけた時間に○を付けると、〔約半日ぐらい。2時間50分。簡単につくりすぎた。〕	16.7	50	29.2	4.2
27. 中間レポートづくりにかけた時間に○を付けると、〔2日間くらい。2時間50分〕	0	29.2	41.7	29.2
28. 最終レポートづくりに書けた時間に○を付けると、〔時間をかけることができなかった。もっと時間をかけるべきだった。〕	4.2	16.7	50	29.2

以上」を要した者が70.9%、質問28の「最終レポートづくり」に「3時間以内」や「それ以上」の時間を費やした者が78.2%となっており、1コマの授業で多くのレポートを家庭学習に課したことが負担増となったのかもしれない。

第二に、ルーブリックに関する理解が徐々に深まってきており、それがレポートづくりに役立っているということである。評価規準の「各レベルについて分かった」について、質問13の「取り決めと出典」で「1.本当にそう思う」と「2.そう思う」を合せて87.5%、質問12の「内容の構成」はやや少なくて75%であり、受講生は、ルーブリックのレベルについておおよそ理解できている。そして、「ルーブリックの評価規準がレポートをつくる際に役立った」ということについては、回答1と2を合わせて、ミニレポートで尋ねた質問15の58.4%から中間レポートについて問うた質問16では79.1%となり、質問17の最終レポートになると、87.5%と高くなっている。そして、質問18「ルーブリックのコメント欄は、良いレポートづくりに役立った」の回答1と2も合計87.5%となっていて、ほとんどの受講生は、コメントが的確な学びを引き出すと感じているのである。

第三に、小集団学習に対する受講生の評価が高いということである。質問14「小集団学習をして、ルーブリックに対する理解が深まった」が回答1と2を合わせて75%、質問23「小集団による発表や批評は、より良いレポートづくりに役立った」では、回答1と2の総計で83.3%である。

第四に、学びの振り返りが最終レポートづくりに役立っているということである。質問22「ポートフォリオでTA（ティーチング・アシスタント）からもらったコメントは、より良いレポートづくりに役立った」の回答1と2を合わせて79.2%、質問24「最後にポートフォリオを振り返ったことは、より良いレポートづくりに役立った」についても同じ回答で75%と比較的高くなっている。

第五に、このようなルーブリックを使ったレポートづくりは、他の授業への転移やその可能性が高いということである。質問9「この授業で学んだレポートの書き方を他の授業のレポートづくりにも生かしている」に対する回答の1と2を合せて91.6%となっており、質問25「来学期からレポートを書く際には、このルーブリックを活用したい」についても、75%が1または2と回答している。

なお、3種類のワークシートの教育効果については、それぞれ1回ずつ授業で使ったからかもしれないが、半数程度の受講生しかその有効性を認めていない。「判断を下す」ワークシートは、サンプルも提示したからだろうか、回答1と2を合せて54.2%、「優先順位」が50%、「想定」が41.6%であった。

4. 文章表現のルーブリックの一般化に向けて

本実践は、受講生が多様なアクティブラーニングに関わり、ルーブリックを活用してレポートを作成するという点では教育効果が確かめられたように思う。それは、学生自身が書いたものを仲間と評価したり、教師から評価を受けながら、最終的には自己評価をして、次の学びを見通そうとする“評価学習法”と言ってよい。しかし、質問6「この授業で何か新しい物事を学べるのではないかと楽しみにしていた」の1と2を合せた回答では、学期初めの87.5%から学期終わりには75%とやや低下しているように、講義式で多くの知識を提供するよりむしろ一つの物事を深く理解するというディープ・アクティブラーニング（松下, 2014, pp.18-19）に導くという点では、受講生にその意義深さを十分徹底できなかった。

本実践では、評価規準を2つに絞り込み、レベルを多めに設定したルーブリックを使った。この方法であれば、クリティカル・シンキングやプレゼンテーションなど他のルーブリックと組み合わせて、A4判1枚にまとめることができて、使い勝手もよい。同じ学習活動ならば、どの学年でも使える一般的ルーブリックは、学習の転移にも結び付き、生涯学習にも役立つであろう。

ただし、一般的ルーブリックは、様々な学年で数多くの教育実践を経て、知識集約的に生み出されていくものである。したがって、文章表現のためのルーブリックは、様々な大学授業で様々な学年の学生に適用し、どこでも使えるように一般化していく必要がある。

本実践の後、表7−2のルーブリックを8つのレベルに改訂して、私のゼミ学生の卒業論文づくりに使ってもらったところ、卒業論文の質がかなり上がった。ただし、「ルーブリックを使って他人の卒論を評価するのは易しいが、自分のものを評価するのは難しい。」という声が沸き起こった。確かに、本実践でも明らかになったように、小集団による相互評価の教育力も大きいようである。例えば、N学生は、図7−4の学びの振り返りで「教師と子どもが３：７ぐらいという具体的な数字を考えていたことがいいと思う」とか「私も変わったから、教師と子どものバランスを取るというのは同じ意見だね。」などの相互評価をもらった。これらの言葉がＮ学生の学びの励みになろう。ルーブリックを使って卒業論文の作成中に相互評価をする過程をどのように組み込むのかということが一つの課題である。

これからは、本実践で行ったように、大学生がルーブリックを学びの途上で活用して、教師評価だけでなく相互評価を介した自己評価をして、次の学びを方向づけながら進む“共有”という段階に踏み出さなければならない。大学生がルーブリックを内面化すれば、その学びは力強くなり、最終的には、主体的な学びに結び付き、生涯学習時代にも対応できるようになろう。

そして、大学の教師は、そのような学生支援を行いながら、自らの教育実践を振り返り、学生の学びに即して軌道を修正しながら授業づくりを行うという“相互作用”的な学び方をしなければならない。今や大学の授業改革の軸足を“公開”から“共有”へ、ゴールは学生との“相互作用”に据えるべきではないだろうか。

引用文献

安藤輝次（2004）『絶対評価と連動する発展的な学習』黎明書房。

Clarke, S.(2003) *Enriching Feedback in the Primary Classroom*, Hoddler & Stoughton.

松下佳代編著（2015）『ディープ・アクティブラーニング』勁草書房。

Moss, C.M. and Brookhart, S.M.(2009) *Advancing Formative Assessment in Every Classroom*, Association for Supervision and Curriculum Development.

Rhodes, T.(ed.)(2010) *Assessing Outcomes and Improving Achievement : Tips and Tools for Using Rubrics*, Association of American Colleges and Universities.

スティーブンス、D. 他（佐藤浩章他訳）(2014)『大学教員のためのルーブリック評価入門』玉川大学出版部。

第8章 掲示板を活用した学生による評価と学びの連動

1. はじめに

高等教育研究者の溝上慎一氏は、アクティブラーニングと中黒の点を入れないほうが新奇性を打ち出して、新しい概念であることを強調したいと述べ（溝上, 2014, p.6）、学習形態を強調するアクティブラーニングと学習の質に力点を置いたディープラーニングを重ねる必要があると言う（河合塾, 2013, p.9）。

この主張を受けて、松下佳代氏は、「外的活動における能動性だけでなく内的活動における能動性も重視した学習」（松下, 2015, pp.18-19）としてディープ・アクティブラーニングという言葉を提唱した。松下氏の考え方は、教育課程企画特別部会の前述の論点整理（案）とともに掲載されている補足資料（4）における“学習への深いアプローチ”と通低するものであり、中黒の有無は別として、小学校から高校までの教育においてもその趣旨は首肯されていると見てよい。アクティブラーニングの鍵概念である活動性（activeness）について国内外の文献を検討した研究によれば、学習への関与（engagement）と全一性を伴った「自律した学習」であると結論付けている（須長, 2010, pp.6-7）。その意味でも、外的内的活動における能動性というアクティブラーニングの定義は妥当であるように思う。

さて、アクティブラーニングをさせるだけでなく、そこで学んだ知識や技能を踏まえて思考・判断をすることに関する質的評価では、ルーブリックを評価道具として使うことになろうが、上述のように学生がアクティブラーニングをして学習評価をするような実践研究がわが国ではほとんどない。

他方、海外に目を移してみると、学生主体のルーブリック実践のために、評価と指導をシームレスにして、学生に評価専門知識のガイダンスを行って、学生同士でもフィードバックさせると、達成の向上に有効であることが確かめられており（Hendry et al.2012)、優秀教育賞を受けた大学教員の授業分析をして導いた学習中心評価の授業モデルもある（Carless, 2015)。また、学生がルーブリックや評価規準を駆使できるためには、学生自身による観察・模倣・対話・実践を含む社会化過程が重要であると言われるが（Rust et al., 2003)、その裏付けとなる授業づくりに基づいた詳細な実践研究もない。

本章における授業実践では、第一に、このような国内外の先行研究を踏まえながら、事前にシラバスによって複数の評価課題を学生に示して、総括的アセスメントの基準を明確にした。第二に、授業では、インターネット上の掲示板やホームページを使いながら、学生による投稿やそれに基づいて話し合い、その都度学びの成果を発表することを通して、意思決定のルーブリックを受講生が内面化するようにし、教師評価や相互評価を通して自らの学びを評価し、次の学びを見出したり、教師が授業改善するようにした。その実践研究の成果と課題を明らかにしたい。

2.「初等教育学専修ゼミ 3」の授業展開

1）これまでの研究経過

私は、関西大学文学部初等教育学専修の 3 年次生を対象に春学期に「初等教育学専修ゼミ 3」という必修科目を担当している。2012 年の授業では、教育実習生や学校ボランティアの学生が出会う困ったことや失敗などの事例を無料のグーグル・グループ専用 Wiki で取り上げ、受講生は、そこで何が問題でいかに解決するのかということを投稿し、それらの投稿内容を参照しながら授業で話し合うという授業を行い、9月から始まる5週間の教育実習において無理や無駄をなくし、実習不安を解消する手立てとしようとした。もちろん、事例は、個人情報は極力分からないようにし、投稿内容についても、ネットの管理機能を使って、個人情報に関わるものは修正削除等をして、受講者と授業者の私のみがアクセスできるようにした。

そして、最終回の授業で①「強くそう思う」②「そう思う」③「あまりそう思わない」④「そう思わない」の4件法でアンケート調査をした結果、①②については、88%の受講生が小集団学習で話し合わせる学習に、87%が失敗事例だけでなくロールプレイングも実施すること、92%が視聴覚教材の提示に対して回答を寄せた。また、事例の難易度の適切性についても79%がそのように答えており、このような授業を今後も続けて欲しいというのも71%、これから教育実習に行くのでこのホームページを引き続きアクセスできるようにして欲しいということも88%が望んでいた（安藤, 2013, pp.76-77）。

しかし、この授業では、取り上げる事例を評価するためのルーブリックを用意していなかった。一人ひとりの受講生が、グーグルに登録して、管理者である私から彼らのアドレス宛てにWikiへの招待状を送って、認証した後、その受講生のみがアクセスできるという煩瑣な手順を踏まなければならなかった。また、Wiki自体のテンプレートも限られており、私が開設している他のホームページとリンクして拡張するような機能もないために、不便さを感じていた。

2013年度には、このような事例に対する投稿内容から事例の修正加筆をして標準化を図る科学研究費が採択されたので、GoogleWikiに代わる機能を持つソフト開発には多大な費用を要するが、ソフト開発業者から同様の掲示板的機能をもつものとしてFC2の無料掲示板を推薦してもらい、春学期の「初等教育学専修ゼミ3」でそれを使い、IDとパスワードで簡単に学校ケースメソッドの私のホームページにログインして、そこで諸情報を学んだ後、掲示板にリンクするようなシステムを構築することができた。そして、

2014年度の「初等教育学専修ゼミ3」では、事例を評価するためのルーブリックをアメリカの倫理的ジレンマのルーブリックを参考にして[1)]、学生の理解度に合せて修正加筆をしたが、掲示板を使ってその活用力の向上を図るという具体的な手立てを講じるまでには至らなかった。

2）2015年度「初等教育学専修ゼミ3」の授業展開

2015年度の「初等教育学専修ゼミ3」（2単位：火曜日2限開講：受講生24名：男12名、女12名）のシラバスには、【授業概要】として、秋の教育実習の前のウオーミングアップとして教育実習生や学校ボランティアがこれまで遭遇した生徒指導や軽度発達障害児童への対応や教科指導における典型的な失敗事例を取り上げ、学生としての力量や条件に見合った問題解決の手立てを見出すような学びの場としたいと記した。

そして、到達目標として、次の3点を挙げた。

① 多くの教育実習生はどのような問題に悩んでいるのかということを知っている。

② 教育実習生の典型的な失敗事例について、何が問題で、いかに解決するのかということを提案できる。

③ 3年次や4年次の教育実習や卒業時までに学ぶべきことを明らかにする。

【授業計画】では、＜第一部：実践的指導力を考える＞で掲示板への投稿の仕方に慣れ、事例の問題と解決策を経験的に考え、＜第二部：実習生の典型的な失敗事例＞で教科指導や生徒指導のみ挙げて、事例名は、前の週の水曜日までに掲示板に掲載し、同時に関西大学教育研究高度化促進費（略称「高度化」）を使って、学生の投稿内容をルーブリックで評価して学ぶホームページを開設し、＜第三部：私たちの失敗事例を考える＞として生徒指導・特別支援教育、教科指導を挙げていたが、これは、受講生の学校ボランティアとして困った事例の提出状況により、「テーマが多少変わるという断り書き」を入れておき、柔軟な対応ができるようにした。そして、最後に、＜第四部：私の目当てづくり＞としていた。

例年のように、受講生に最低5回は掲示板に投稿しなければ、成績評価をしないことを条件とし、学校ボランティアで困ったり、失敗した事例を所定のプリントで提出すると、プラスαとして加点することとし、事例を書く仕方や事例の討論の仕方は、掲示板にリンクした私のホームページを使って詳細に説明した。

なお、この授業の成績は、小集団学習を含む平生点（40点）＋小テスト（10点×2回＝20点）＋ネットでの質疑応答（40点）＋ネットでの優秀な意見や学校ボランティアのケース提出（α点）とした。したがって、論理的にはα点を加えれば、100点満点を越えるが、それは夏のボーナスのような性格であると説明した。

ただし、実際の【授業展開】は、表8−1に示すように、基本的には【授業計画】の流れと同じように展開したが、受講生の興味関心や事例に対する理解状況を考慮しつつ、次の点において変更や修正をして、進めていった。

表8−1　2015年度春学期「初等教育学専修ゼミ3」の授業展開

第一段階：ウオーミングアップ
①4/7：小1実習当初「理由を説明したが、距離ができてしまった」
②4/14：　同　上
③4/21：小5　軽度発達障害「あの子さえ・・・」
④4/28：小2＆小3「喧嘩　僕のサッカーボール」
第二段階：教科指導
⑤5/12：ルーブリックのガイダンス
⑥5/19：小1国語「勝手な行動」
⑦5/26：小6理科「理科実験は本当に難しい」
⑧6/2：小6社会「歴史を興味深く教えるには」
⑨6/9：小テスト（4月の事例と教科指導）＋ルーブリック理解のためのすり合わせ
⑩6/16：小5算数（教育実習生の算数ビデオ）「変わり方を調べよう」
6/16：追加課題（学校ボランティア）「小1の算数で困った子」
第三段階：生徒指導・軽度発達障害
⑪6/23：小5掃除と家庭科「注意すべき時に注意するのが難しい」
⑫6/30：小4「集中できないY君への対応をどうする？」
⑬7/7：小4「学級内で“きもい”と言われる子ども」
7/7：小5（学校ボランティア）「自然学校で半泣きの子どもが訴えてきた」
第四段階：学びをまとめて振り返って
⑭7/14：（事例の最終回）「教育実習生は忙しい」＋アンケート実施
⑮7/21：小テスト（生徒指導と軽度発達障害＋標語）＋抽出小集団へのインタビュー

第一に、受講生に学校ボランティア経験者が2人と少なく、教育実習では、授業実習が軸になるので、それをしっかりできるようにするために教科指導の時間を当初の3コマから4.5コマに増やした。なお、ボランティア経験は、事例を検討することに役立つので、春学期中に推奨すると、⑧や⑩の授業では、兵庫県などの自然学校の出席に関連した欠席者が10名弱に達したために、この時期は、進度をややゆっくりすることにした。

第二に、学校ボランティアで困ったことや失敗したことについては、4人から5つの事例が提出され、そのうち授業の趣旨にそっており、適切と考えた2つの事例について、若干内容を補足したり、個人情報に繋がる情報を削除して、⑩と⑬の授業で取り上げた。

第三に、欧米の大学生がルーブリックを活用できるようになるためには、ガイダンスを行ったほうが良いという示唆があったので（Rust, 2003, p.149: Hendry et al. 2011, p.2）、⑤で教育実践事例に関する「ルーブリックのガイダンス」を行った後、④の事例を再検討させ、4月最終回の授業④で経験的に事例の問題と解決策を考えたものと比較した。

第四に、ホームページにIDとパスワードでログインして、教育実践を学生が読み取って、「何が問題か」「いかに解決するのか」ということについて記した投稿内容のレベルをルーブリックに照らして問いかける問題をインターネットに掲載し、それを「ルーブリックのガイダンス」で取り上げた。

第五に、6月下旬にケアレスが提唱する学習中心評価（Learning-Oriented Assessment：LOA）の授業モデルが本実践のねらいと似ていることを知ったので、授業モデルの特徴をアンケートの質問項目に盛り込もうとしたが、あまりにも多岐にわたるので、アンケート実施を⑭の授業で行うこととし、⑮でそのアンケート結果をプリントに記して、説明した後、LOAの無作為に抽出した小集団に対するインタビューを実施することとした。

なお、掲示板の「投稿の検索」機能を利用して、検索に事例のキーワードやそれから想起しうる言葉を入力して、受講生の投稿に見る言葉の頻度を調べ、⑩の授業で、表8−2をプリントにして配布した。そして、全体的な傾

表８−２　４月７日から６月15日までの掲示板にみる言葉の頻度

言葉	頻度	総計	備考	言葉	頻度	総計
ルール＊	38		3回：A、B；2回：CからLまで 4/7が18回、4/14は12回で計30回	発達障害＊グレーゾーン＊	7	
興味	21		2回：D、F、H、M	ノート＊	7	
関心	6	31		指名＊	5	10
意欲	4			発問	5	
班・グループ	27	30	2回：J、H、M、N	実験＊	5	
ペア	3			子どもの疑問＊	4	
説明	29		4回：L、3回：F、2回：O、P	遊び	4	
発表	27		3回：H、2回：J、L、O，Q，N	叱る・叱らない	3	
指導	13	24		小1プロブレム＊	3	
机間指導	11			比較・対照＊	3	
担任＊	22			目線	2	
活動	16		2回：P	褒める・ほめる	2	
指示	10		3回：L	共感	1	
学習・学び	10		2回：L、P、R	学級経営＊	1	

（＊は、事例で取り挙げたキーワード。なお、4月7日は授業時間中に投稿させた。）

向や備考に記した個人的な傾向を説明し、4月は「ルール」を決めて守らせればよいという意見が多かったが、そのような上意下達の考え方は、今では影をひそめ、「興味・関心・意欲」だけでなく「子どもの疑問」も大切であり、「班・グループ」「ペア」や「指導」「机間指導」が大切で、特に「活動」が重要であると説明した。

このように授業の途上で評価し、受講生にその結果をフィードバックしながら、次の学びや授業の方向付けをした。これは、指導と評価をシームレスに捉えている一つの例であって、掲示板に投稿した内容、ホームページの問題集、事例について個人や小集団で考えた問題や解決策の取り上げ方でも同様の手法を取った。

例えば、毎回の授業後に気付いた事柄を記した私の反省メモによれば、⑥で掲示板を見て「実は、解決策で述べられていない事柄がもう一つあるが、分かるかなあ」と受講生に投げかけ、班別に事例に対する問題と解決策をワークシートに書かせて、それを実物投影機で全体に見せて、2つの班は私が解決策として期待していた「小集団の活用」を挙げたので、大いに褒めて、その例示として、関西大学初等部の西勝巳先生の小学1年国語「字のバランスを考える」の授業ビデオ（2012年7月12日実施）を見せるというような進め方をした。

なお、5月26日の小学6年理科の実験に対する実習生の失敗事例と対比させるために、優れた指導力のある教員の授業として、初等部の長戸基先生の「てこの原理」の授業ビデオ（2012年9月11日）を使った。

3）研究方法

A. 学習中心評価の授業モデルによる分析

すでに述べたように、ケアレスは、香港大学の教育優秀教員の授業分析を通じて、図8−1のような構成要素からなる学習中心評価の授業モデルを案出した。このモデルの基本的な考え方は、「学習中心評価の課題」を教師が繰り返し提示し（①）、教師からの課題提示を受けて、学生は、教師から教えられた評価の専門的知見を模倣し（①）、教師や学生のピアとの間で対話し（①③）、知見に基づいて実行する役割を果たす（③）。また、学生は、教師からのフィードバックを受けるが（②）、学生同士のピアによって互いの学びの評価をして、次の学びを方向づけるのである（④）（Carless, 2015, pp.6–7）。

そして、ケアレスは、これら3要素における実践的な手立てを4つから6

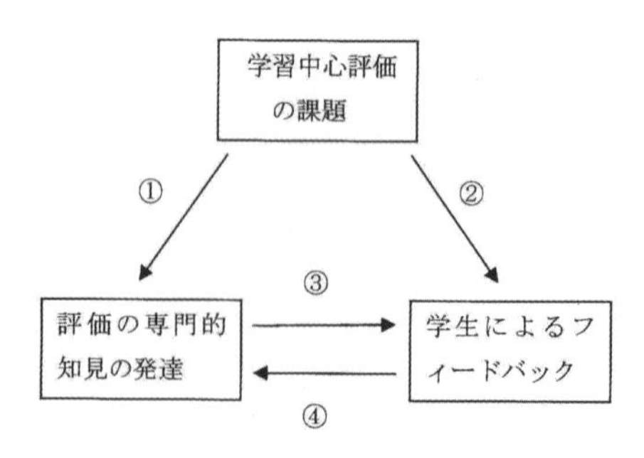

図8−1　学習中心評価の授業モデル

つ抽出しているが（Carless, 2015, pp.233-236）、私の授業では、これらの手立てを今回の教育実践に合せて翻案し、その達成状況を調べることにした。

B. 掲示板の工夫

受講生は、水曜日に掲載した事例を読み、翌週の月曜日午後6時までに投稿し、火曜日2限目の「初等教育学専修ゼミ 3」の授業に臨む。そして、私から受講生に対する連絡事項や注意を喚起したい事柄は、掲示板の【○月の連絡事項】に載せた。

2014年度の新たな工夫点としては、第一には、受講生に互いの投稿内容と関連付けたり、反駁を展開させるために、図８－２のような話法を5月6日に掲載した。

第二に、掲示板に投稿された内容に対して、教師が管理機能を使って、図８－３に示すように、5月12日の授業から内容の該当箇所に絵文字を挿入することによって、できるだけユーモアを交えた評価を添えるようにした。これまでの実践で掲示板を投稿することはないが、読むだけの人も掲示板を読んでいることが多いことが分かっている（安藤, 2013, p.78）。したがって、教師側から授業前に何らかの評価をして、投稿者だけでなく読む人

互いの投稿内容との関連付けや反論が妥当なら高得点！

5月4日付の掲示板の③で言っていますが、次のような事に留意して投稿し、それが妥当であれば、より高得点で評価します。なお、制限回数には加算しませんが、ケース（事例）で複数回投稿してもらっても結構です。

a.「・・・である。なぜなら」等の接続詞を付けて、根拠づけをする。

b.「・・・である。例えば」のような接続詞を付けて、例示する。

c.「○さんは・・と言うが、しかし・・」など逆説の接続詞を使う。

d.「●さんと▲さんの言っていることは、要するに」など換言の接続詞を使って、投稿内容を整理する。

＊特に逆説の発言は、勇気が要りますが、ケースは複数の解決策も有りえます。したがって、根拠がしっかりしていれば、積極的意見として高評価します。必要なら、文献やネットで検索して、根拠づけをして下さい。

図８－２　連絡事項に投稿の話法を明示する

絵文字を踏まえて、教師評価を介した学びを！

これまでは絵文字から教師評価の意味をイメージして頂戴という気持ちで掲載してきましたが、やはり絵文字の共通理解のために、その意味をお知らせしておくほうが良いと思いますので、掲載します。

いいYou（「良い湯」をもじって、「あなたは良いですね」の意味）

その通り

そうだね！（その他、のような、顔の微妙な変化は、「教員の気持ち」として受け取って下さい。）

百点満点の内容

力を発揮したね（どんなもんだい）

新しい発言

かっこいい

聞いて

いいえ（「家」の発音をもじっています）

NG駄目

複数の絵文字が同じ個所にある場合、その組合せで意味を汲み取って下さい。例えば、は「聞いて聞いて」という意味、「新しい発言で、かっこいい」などの意味です。なお、上に挙げた以外に、およそ意味が掴める場合をのぞいて、今後新しい意味を込めた絵文字を使うようになれば、ここに月日を付けて掲載します。

図8−3　投稿内容に対するユーモアを交えた絵文字の評価

にも次の学びを方向づけようとしたのである。

なお、評価は、何点とかA、B、Cのように、数字や文字でその都度成績を示すと、受講生の学習意欲が高まるよりむしろ削がれやすいと言われているので（Alverno, 2015, p.37: Moss and Brookhart, 2009, pp.46-47）、5月の初めから1カ月ほどかけて、このようなカラーで多様な絵文字にそれぞれ意味づけをして評価する手立てを講じていった。

ところで、⑦の授業の最後の10分程度を使って、受講生に「今日の授業でもっと大事な事柄を一言で言って下さい。」と問いかけ、掲示板に一斉に投稿させると、受講生は、「子どもが考えたいと思う導入」や「実験の面白さに気付かせる」など一般的な事柄しか述べられず、今後の教育実践に対する教訓としては不十分であることに愕然としたので、【6月の連絡事項】に学んだ事柄を標語やスローガンにする方法を掲載し、例えば、理科実験の失敗事例での教訓として「アレッ　何で？　伏線になれば　盛り上がる」というような標語を例示しながら、⑨の小テストでそれぞれの事例のキーワードを挙げさせた後、それらを念頭に標語やスローガンを書かせて、要約力を磨こうとした。

C. ルーブリックの導入と自学のためのホームページ

4月の最初の授業でルーブリックを使ったことがある受講生を確かめたところ、24名中5名が「初等教育学専修ゼミ1」で書き方のルーブリックを使ったことがある者であった。したがって、教育実践の失敗事例において意思決定を迫る今回のようなルーブリックは、全員が初めて経験することが分かった。

5月の連休後の最初の授業⑤を「ルーブリックのガイダンス」と位置づけて、成績評価の方法について説明した後、これからは、単に投稿すればよいのではなく、教育実践の意思決定の3つの基準（事例で述べられている問題を明らかにしている；考えられる選択肢をしっかりと確認している；教育的論拠に関する仮説を立てる）にそってレベル分けされた0、1、3、5の評価指標のうち、3または5を意識しながら事例の問題と解決策を投稿するように指示した。なお、実際に評価すると、表8−3の奇数の数字の中間と判定すべきレベルがあるので、それを偶数のレベルとみなしうることもあると補足説明した。

そして、暫くの間、このルーブリックを事例検討で使わせた後、ルーブリックの意味が分かりにくい箇所を自覚するようになったと思われる。⑨の授業で、ルーブリックについて疑問な箇所や分からない箇所を出させ、修正案があれば、それも書いてもらって集計し、⑩の授業の冒頭に表8−3のルーブリック修正版を学生に配付して、今後は、この修正版を使うことを告げた。例えば、評価指標34は「一つのアプローチ」としていたが、その意味からすると「最善」が良いのではないかという意見が授業で出され、評価

表8−3　受講生の修正案を盛り込んだループリック

教育実践事例のループリック　2014.6.16 版　　　学籍番号＿＿＿＿　氏名＿＿＿＿

事例［　　　　　　　　　　］

【ループリックの使い方】A から C の評価規準によって異なる評価になってもよいです。該当の項目の番号に○をつけなさい。

0	1	3	5
A. 事例で述べられている問題を明らかにしている			
1「何が問題か」ということを確認していない。 5 何を決めなければならないかということを分かっていない。	2「何が問題か」ということを確認している。 6 何を決めなければならないかということを突き止めている。	3(適切な事実を絡めて)「何が問題か」ということを明確にしている。 7 何を決めなければならないかということを正確に理解している。	4「何が問題か」こということを詳細に確認しており、収集した適切な事実と情報によって証拠づけている。 8 何を決めなければならないということを正確に突き止めている。
9 事例で「どうすべきか」という決定に係わる人を確認していない。 13 その決定に関わって利害が及ぶ人々を確認していない。	10 事例で「どうすべきか」という決定に係わる人を確認している。 14 又は、その決定に関わって利害が及ぶ人々を確認している。	11 事例で「どうすべきか」という決定にかかわる人をおおよそ確認している。 15 その決定を下した場合、利害が及ぶ人を正確に確認している。 17 主人公が鍵になる登場人物の見方・考え方を振り返って、その人々が決めて欲しい事柄を論じたという証拠がある。	12 事例で「どうすべきか」という決定に係わる人をすべて確認している。 16 その決定に係わって利害が及ぶ人々を正確に確認している。 18 主人公が自分の価値観だけでなく鍵になる登場人物の見方・考え方を徹底的に振り返り、これらの関係者一人ひとりが主人公に指針として決めて欲しい事柄をすべて考え抜いたという証拠がある。
19 どのようになれば、主人公にとって最も良いのかということを述べていない。	20 どのようになれば、主人公にとって最も良いのかということを論じ始めている。	21 どのようになれば、主人公にとって最も良いのかということう述べている。	22 どのようになれば、主人公にとって最もよいのかということをあらゆる場合を想定してチェックしている。
B. 考えられる選択肢をしっかりと確認している			
23 問題解決のための選択肢がない。	24 問題解決のための一つの選択肢を示している。	25 問題解決のための二つの選択肢を示している。	26 問題解決のための三つの選択肢を示している。
27 結末を明らかにしていない。	28 一つの選択肢を検討し、それに関連した結末をある程度予測している。	29 二つの選択肢を検討して、それぞれに関連した結末を予測している。	30 三つの選択肢を具体的に検討して、それに関連した結末をしっかり予測している。
C. 教育的論拠に関する仮説を立てる			
31 問題解決のためにどの方法を適用するのかを決めていない。	32 問題解決の一つの方法を適用している。	33 問題解決の一つの方法を適用している。 35 この事例の教育的に行動するための根拠づけとして、教育学のキーワードと関連付けている。	34 問題解決の最善の方法を適用している。 36 この事例や同様の事例に教育的に行動するための裏付けとして、教育学のキーワードと関連付けている。 37 その方法でなすべき事柄についての仮説を展開する中で、さらなる多様な進め方を示している。

【教師または学生のコメント】

指標 36 は、「教育学の原理」であったが、それでは分かりにくいので、複数の受講生から「キーワード」にしてはどうかという提案があり、それを採用した。

このように第１段階は、ルーブリック抜きで経験的に事例を検討させ、第２段階でルーブリックのガイダンスを行い、以後の個別の投稿や授業での小集団学習でルーブリックにそった学びをさせてから、ルーブリックの修正案を出させ、改訂版を作って、それを第３段階から使うようになった。なお、ルーブリックに注釈も添えたほうが情動を高め（Carless, 2006, p.231）、改善策の明示にも役立つ（Handley et.al, 2011, p.103）ことが確かめられているので、表８−３に示すように、【教師または学生のコメント】という欄を設けた。

ルーブリックを示すだけでは、大学生は、何を意味しているか分からず、応用できないから、具体例が必要である（Hendry et al., 2012, p.150）と言われる。サドラーによれば、具体例とは、「質やコンピテンスについて選定されたレベルの典型となるように選んだ鍵となる例」（Orsmond et al., 2002, p.310）と定義されるが、具体例を示せばそれを模倣するので、具体例を使いたくないという意見もあろう。しかし、具体例は、観察や模倣を通してねらうべきモデルではない（Hendley et al., 2011, p.98）のであって、「鋭い認識は、観察と模倣と実行することから生まれる」のである（Bell et al., 2013, p.771）。模倣を避けるためには、学生にルーブリックにそって複数の具体例がどのレベルかということを評価させ、教師とその評価結果を話し合わせればよい（Handley et al.2011, p.98；Hendry et al.2012, p.151 ）。大学教育学では、このような研究上の合意がある。

では、何が課題かというと、学部２回生の「探究方法」の授業でビジネスのレポート作成をさせる際に、オンラインで具体例を使うと、優劣の具体例を示したり、注釈を付すことは有効であったが、「具体例とフィードバックをインターネットでやると、学生から抵抗があり、（略）もっと自発的で授業外での学びを好んでいた」という研究結果がある（Handley et al.2011, p.106）。このように、インターネットで具体例をどのように使うのかという手法についてまだ確立していない。倫理学に関連した新聞記事を読んで報告し、レポートを書かせる課題を与えた１回生対象の授業において、ルーブリックの評価指標は、教師が学生の学びに期待している事柄を明確化するという賛成意見がある一方で、ディーテールに欠けていて、主観的で曖昧という批判もある（Bell et al., 2013, p.771）。

したがって、インターネットに具体例を掲載し、そこで優れた判断かそうでないのかということを学生に問いかけ、ルーブリックに対する理解を深めるために、図８−４のようなホームページを作成し、⑤のルーブリックのガイダンスで紹介して、以後は、授業で折にふれて言及するものの、基本的には学生の自主的な学びに委ねることとした。なお、ここに掲載した事例は、４月の③の授業で取り上げた事例[2)]に対する学生の投稿の中で優れた具体例である。【問１】のアイコンをクリックすると、何が問題かということについて、軽度発達障害の知識も踏まえているので、ルーブリックの評価規準Ａの「事例で述べている問題を明らかにしている」という点で優れているという解答のホームページが現れるという仕組みである。

なお、「発達障害」の言葉の前に掌を広げたパーの絵文字があるが、これは、図８−３のような絵文字でイメージ的な評価に留めることに先だって、４月の授業で、人差し指、Ｖサイン、パーの絵文字で１点、２点、５点と評価を示した時のものであって、このような問題では、ヒント的な役割を果たしている。ただし、５月の授業からは、このような点数の明示によって、投稿の優劣が分かりすぎて、受講生が投稿したり、授業で議論を重ねる際に躊躇しがちであることが分かったので、使用を控えるようにした。

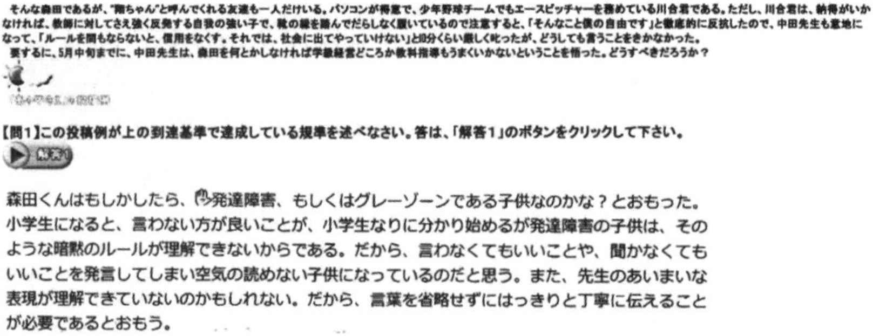

そんな森田であるが、"翔ちゃん"と呼んでくれる友達も一人だけいる。パソコンが得意で、少年野球チームでもエースピッチャーを務めている川合君である。ただし、川合君は、納得がいかなければ、教師に対してさえ強く反発する自我の強い子で、靴の踵を踏んでだらしなく履いているので注意すると、「そんなこと僕の自由です」と徹底的に反抗したので、中田先生も意地になって、「ルールを守らないと、信用をなくす。それでは、社会に出てやっていけない」と10分くらい厳しく叱ったが、どうしても言うことをきかなかった。
要するに、5月中旬までに、中田先生は、森田を何とかしなければ学級経営どころか教科指導もうまくいかないということを悟った。どうすべきだろうか？

【問1】この投稿例が上の到達基準で達成している規準を述べなさい。答は、「解答1」のボタンをクリックして下さい。

解答1

森田くんはもしかしたら、発達障害、もしくはグレーゾーンである子供なのかな？とおもった。
小学生になると、言わない方が良いことが、小学生なりに分かり始めるが発達障害の子供は、そのような暗黙のルールが理解できないからである。だから、言わなくてもいいことや、聞かなくてもいいことを発言してしまい空気の読めない子供になっているのだと思う。また、先生のあいまいな表現が理解できていないのかもしれない。だから、言葉を省略せずにはっきりと丁寧に伝えることが必要であるとおもう。

図８−４　具体例の提示によってルーブリック理解を図るためのホームページ

3. 結果と考察

⑭の授業で64質問項目を立てて、5件法（1：本当にそう思う、2：そう思う、3：分からない、4：そう思わない、5：全然思わない）でアンケート調査（1名は欠席のため調査対象は23名）を行った結果、全項目で3を下回っており、好意的な回答が多数を占めた。掲示板等に関しては、自由記述形式で質問した。さらに、⑮の授業後に6つの班から学生を一人無作為に抽出してインタビューした。結果的には、6人中3名のみが表８−４の投稿者として掲載されていた学生で、残り3名は、比較的投稿回数の少ない者がインタビュー相手となった。スペースの関係で、アンケート結果については、研究方法に特に関係したものに絞って述べることとする。

1）学習中心評価と同様の手立ての有効性

アンケート調査によって学習中心評価の3つの構成要素ごとの実践的手立てを5件法（反転項目は、肯定的記述に戻し、数値も逆転済み）で質問したところ、表８−４のように、13項目のうち8項目が1ポイント台であり、おおよそケアレスの学習中心評価モデルにそった学生中心の評価が次の学習を牽引する展開になっていたように思う。a1とc1は、「本当にそう思う」と「そう思う」を合せて100%であった。

S受講生は、表８−２のキーワード絡みの投稿者にも挙がらず、あまり投稿に積極的でなかったが、最終回に無作為抽出したインタビューでは、「これまでやったら声かけとか、悪いことをしたら直ぐ叱るとか単純なことしか思いつかなかったけれど、ちゃんと背景を見たり、子どもの話を聞いてあげるというふうに重点を置いて接していったらいいんだなということを学べ」たと言う。2や3の質問を例証する具体的な発言と言ってよいだろう。また、学校ボランティアで困った事例を提出してくれたB受講生は、「実際の子どもと関わり合った中で起こった事例を出させてもらった時に、僕の中で一つ

表８−４　学習中心評価の構成要素に関するアンケート結果

a. 学習中心評価の課題	平均値	標準偏差
1. 教育実習生やボランティアが教育実践で困った事柄に接して、どうすべきかを具体的に考えるようになった。	1.48	0.50
2. 他人の考えと自分の考えを比べたり、組み込んだりして、どうすべきかを考えた。	1.65	0.70
3. 事例に対する他の投稿者の内容を読んで、自分の考えと比べたり、組み込んだりしてどうすべきかを考えた。	1.70	0.69
4. 課題とされた事例について得意であったり、興味関心がある場合に掲示板に投稿した。	2.43	1.14
5. 自分の考えを述べたり、小集団での考えを発表する際に、ルーブリックを念頭に置いて、問題点の解消に努めた。	2.52	1.44
b. 評価の専門的知見の発達		
1. 小集団の話し合いに影響されて、思うよう発言できた。	1.09	1.21
2. 小集団内の発表や批評は、より良い解決策を考える際に役立った。	1.78	0.66
3. 高度化 HP の具体例からルーブリックに番号を記した評価指標を挙げることができる。	2.48	0.97
c. 学生によるフィードバック		
1. これらの事例は、教育実習以外でも出会うと思うので、今回の学び方を生かしたい。	1.43	0.50
2. 事例の問題も解決法も分からなかったが、掲示板を読んで、「なるほど」と思った。	1.91	0.97
3. 間違いや分からないことがあったので尋ねると、修正点や補足の意見など参考になった。	1.96	0.75
4. 間違いや分からないことを先生に尋ねると、修正点や補足の説明などが参考になった。	2.13	0.95
5. 事例を読むだけでなく、ロールプレイングも加えることによって、（実習生やボランティアなどの）主人公の悩みに共感した。	2.57	1.10

しか解決策はなくて、これでええんかなって思っていた時に、皆の意見をまあそういう意見もあるんかっていうことを聞いて、新しい選択肢が増えたなってすごい有意義な時間だったと思う」と言う。

ｃ５のロールプレイングについては、今回は、取り上げた事例の数も多く、時間的余裕もなく、授業の②と⑨ぐらいしか導入しなかったので、このような結果になっても仕方ないように思う。ｂ３の「高度化」の費用によってホームページを開設したが、③と④の授業で使った２つの事例に対する学習物を掲載して、８つの問題を設定したのみであるので、事例と問題の数をもっと増やせば、異なる結果になっていたかもしれない。とは言え、「本当にそう思う」と「そう思う」の百分率を合せると、c5 は 57%、b3 は 66% で、過半数は、好意的な反応を示していた。

なお、a４の質問は、設定した事例に対して興味あるテーマの場合には、掲示板に投稿して、“学びの自由度”を保証していたかどうかを尋ねたものであったが、受講生のうち５人程度は、表８−４のキーワード絡みの投稿者にも挙がってきておらず、７月になっても最低投稿回数の５回ギリギリであり、彼らの人数に相当する26％が好意的でない回答をしたのではないかと思う。

2）掲示板や絵文字は有効

第一に、掲示板への書き込み時間等を自由記述で問うたところ、ほとんどの受講生は、スマートフォンを使って、掲示板を読んで、投稿したが、予想以上に時間をかけずに、かなりの量を記していた。

掲示板に記した事例は、平均して565字（最大1346字、最少324字）であり、学生から提出された学校ボランティアの２つの事例は、208字と431字であった。そして、学生が投稿した最大文字数は、O受講生の792字で「どれくらい時間をかけたの？」と尋ねると、「20分」という返事であった。

アンケート調査において「一つの掲示板に書いた最大の時間」を問うたところ、平均20分４秒、最も少ない時間の回答は１分、最も多い時間の回答は60分でそれぞれ１人であった。つまり、１分と回答した受講生は、最低５回は投稿しているので、いずれも１分以内しか投稿に時間をかけていないのである。そして、「一つの掲示板に書いた最短の時間」を問うと、平均９分24秒、最も少ない時間の回答は１分で１人、最も多い時間を要したという回答は20分で４人であった。

第二に、５件法のアンケート調査の結果、インターネット掲示板に関して１ポイント台が表８−５に多数みられるように、今回の授業で取り上げた事例の難易度は適切で、投稿された意見から多様な考え方を知り、他の投稿を読んで、「なるほど」と思ったり、自分の考えと比べたり、組み込んだりしたし、絵文字の評価についても面白くて、自分の学びの改善や向上に役立てたということである。なお、表８−５のa3とc2は、表８−４の学習中心評

表８−５　インターネット掲示板に関するアンケート結果

	平均値	標準偏差
1. インターネットの掲示板に掲載された事例が難しそうで、「とても分からない」とは思わなかった	1.13	0.95
2. 掲示板では、皆の意見が聞けて、自分では気付かなかった多様な考え方があると思った。	1.39	0.71
a3. 事例に関する他の投稿者の内容を読んで、自分の考えと比べたり、組み込んだりしてどうすべきかを考えた。	1.70	0.69
3. 掲示板の投稿内容に関する先生からの絵文字の評価は、面白い。	1.70	0.80
5. 掲示板の投稿内容に関する先生の絵文字の評価を参考にして、自分の学びの改善や向上に役立てた。	1.78	1.10
6. 掲示板への投稿は、負担ではなかった。	1.83	1.09
c2. 事例の問題も解決法も分からなかったが、掲示板を読んで、「なるほど」と思った。	1.91	0.97

価の構成要素を問いかけた項目である。また、「標語やスローガンをいわれると、学んだ内容を思い出す」という質問については、平均値2.09（標準偏差1.14）であって、78%が「本当にそう思う」か「そう思う」であった。

絵文字については、無作為に抽出した学生に対するインタビューをした際、Ｐ受講生は、「自分の投稿に対して先生が絵文字で評価してくれていると分かりやすいし、一人ひとりを見てくれている感じがしました。（略）皆の投稿も見れるので、色々な人の考えに感動したり、これは、ちゃうんちゃうとか、人の投稿まで見れて、とてもプラスになったと思いました。」と述べていた。評価と言えば、とかく敬遠されがちであるが、絵文字のような形でユーモアも込めて評価すると、質問３や質問５にも言うように、学びへの連動に役立つということである。

3）ルーブリック理解は何とかできているが、工夫の余地もある

表８−６は、教育実践の失敗事例を検討する際に使ったルーブリックに対する学生の回答であるが、表８−４や表８−５と比べて、低い傾向がある。ルーブリックの評価規準のｃの評価規準「教育的論拠に関する仮説を立てる」は2.52（標準偏差1.14）でａやｂの評価規準よりもさらに工夫の余地があるように思う。教師は、質問１に示すように、事例に対する受講生の学びをその場で直ぐに実物投影機で全員に見せて、評価するほうが適宜のフィー

ドバックをする意味においても学生から歓迎されるだろうし、教育効果も高まるように思う。

高度化ホームページ（HP）に事例を掲載して、それに対する投稿例をルーブリックで評価する質問３は、授業外で自主的な学習を促すためのものであるが、表８−６の３の下の質問のように、さらに具体例を増やす必要もあろうし、もっと授業で学生に評価させて、その結果を教師とあるいは学生同士で批評するような対話の場面があったほうがよいように思う。また、⑮の授業後にインタビューを受けたＢ受講生は、「説明されたんですけれど、強制もされないし、具体的なアクセス方法も聞いていないし、もうええかみたいな感じになりました」と心情を吐露している。実際には、⑤のルーブリックのガイダンスの際にアクセス方法は説明したが、それでは受講生に十分徹底しなかったということである。

表８−６　ルーブリックと具体例に関するアンケート結果

	平均値	標準偏差
1. 実物投影機を介して小集団での互いの学びを共有して、優れた点や改善点などが分かった。	1.78	0.78
2. ルーブリックの評価規準は、事例の総点を明らかにするのに役立った。	2.00	1.02
3. 評価規準「事例で述べられている問題を明らかにしている」の各レベルは理解できた。	2.09	0.83
3. 高度化 HP に掲載されたルーブリックの具体例は、多ければ多いほど学びの助けになる。	2.13	0.90
4. 評価規準「考えられる選択肢をしっかり確認している」の各レベルは理解できた。	2.13	0.80
5. ルーブリックの評価規準は、事例の解決策を見出すのに役立った。	2.35	1.17

4. スマホ世代のレディネスを見据えて

今回の授業では、教師が授業ごとに異なる事例をインターネットの掲示板に掲載し、学生は、ルーブリックを意識し、問題と解決策を投稿した後、授業では、ランダムに編成した小集団で投稿内容を参考にしながら、自分たちの班で問題と解決策を改めて検討し、その結果を全体に発表するという展開を基本として進めてきた。

学生たちは、全員がスマートフォンを持っており、自宅や大学のパソコンよりむしろスマートフォンを使って、掲示板を読み、投稿をしていたようである。ある学生などは、わずか20分で800字の投稿をすると話しており、私たち大学教員が予想する以上に、スマホ世代は掲示板を読み、投稿できるレディネスを備えていることは間違いない。

実は、学習中心評価の内実は、授業過程のディーテールを詳述しなければ、分からないように思う。例えば、⑤のルーブリックのガイダンスの際に、4月に扱った小学2年と3年のボールの争いの問題と解決策を班で書かせた後、同じ班でルーブリックを使わずに考えた学習物と実物投影機で比較対照して受講生全員に見せると、ルーブリックの学習促進機能は一目瞭然であった。また、話法をインターネットの掲示板で指示すると、学生の投稿内容にも大きな変化が生じて、考えの練り合いが展開された。そのような学びの進展は、限られたスペースでは綴ることができないのである。

本章で採用したようなインターネット掲示板を使えば、その教育効果は歴然としており、絵文字を使ったり、ルーブリックの欄外のコメント欄にユーモアを交えたメッセージを送ると、評価に対する受講生の警戒心も解かれて、ピアによる評価と学びの連動もできるようになる。ただし、インターネットによるルーブリックの学習のための具体例や注釈等については、量的にはルーブリックのレベルに対応したより多くの具体例が必要であり、質的には、MOOCsのようなビデオ活用法から学んで、さらに学生の興味関心を促すような工夫が必要であるように思う。

注

1) See *Ethical Consideration Rubric*, TeacherPlanet（http://www. personal. psu.edu/faculty/d/x/dxm12/n458/sample_case_rubric.htm：2015年9月18日所在確認）
2) この事例の出典は、次の通り。安藤輝次編著（2009）『学校ケースメソッドで参加・体験型の教員研修』図書文化社、147-150頁。

引用文献

安藤輝次(2013)「教員養成のための事例検討システムの構築」『関西大学　文学論集』第62巻第4号、関西大学。

Bell, A., Mladenovic, R. and Price, M.(2013) Students' Perceptions of the Usefulness of Making Guides, Grade Descriptors and Annotated Exemplars, *Assessment & Evaluation in Higher Education*, 38(7).

Carless, D.(2006) Differing Perceptions in the Feedback Process, *Studies in Higher Education*, 31(2).

Carless, D.(2015) *Excellence in University Assessment*, Routledge.

河合塾編(2013)『「深い学び」につながるアクティブラーニング』東信堂。

須長一幸(2010)「アクティブ・ラーニングの諸理解と授業実践への課題」『関西大学高等教育研究』、創刊号、関西大学教育開発支援センター。

Diez, M.(2015) The Central Role of Criteria in Giving Good Feedback, in Alverno College Faculty(ed.) *Feedback is Teaching*, Alverno College.

Handley, K. & Williams(2011) From Copying to Learning : Using Exemplarsto Engage Students with Assessment Criteria and Feedback, *Assessment & Evaluation in Higher Education*, 36(1).

Hendry, G.D., Bromberger, N. and Armstrong, S.(2011) Constructive Guidance and Feedback for Learning : the Usefullness of Exemplars, Marking Sheets and Different Types of Feedback in a First Year Law Subject, *Assessment & Evaluation in Higher Education*, 36(1).

Hendry, G.D., Armstrong, S., and Bromberger, N.(2012) Implementing Standards-based Assessment Effectively: Incorporating Discussion of Exemplars into Classroom Teaching, *Assessment & Evaluation in Higher Education*, 37(2).

松下佳代(2015)『ディープ・アクティブラーニング』勁草書房。

溝上慎一(2014)『アクティブラーニングと教授学習パラダイムの転換』東信堂。

Moss, C.M. & Brookhart, S.M.(2009) *Advancing Formative Assessment in Every Classroom*, Association for Supervision and Curriculum Development.

Rust, C., Price, M. and O'Donovan, B.(2003) Improving Students' Learning by Developing Their Understanding of Assessment Criteria and Process, *Assessment & Evaluation in Higher Education*, 28(2).

第9章
インターネットによるルーブリック導入法

アルバーノ大学がルーブリックを使って能力に基盤を置くカリキュラム改革を始めた1970年代と2010年代の今日との大きな違いは、インターネットを活用しているかどうかということであろう。アルバーノ大学では、2000年前後から学生の学習物をネット上に掲載し、指導教師と学びの出来・不出来を共有した後、不出来をより出来るようにする診断的電子ポートフォリオ（Diagnostic Digital Portfolio：DDP）を採用してきた。それによって教師と学生が“対話的なフィードバック”でのやり取りをしながら、つまり、学びを促進するという“相互作用”が容易にできるようになった。

しかし、DDPの設置だけでなく維持・管理のためには、人的物的資源の多大な費用が必要である。アルバーノ大学は、普通レベルの高校の卒業生が進学する大学である。そのような条件下で、学生の学びを向上させ、卒業後も持続的な学びを促すために努力を払おうとする学長の強いリーダーシップに支えられた小規模大学だから改革ができたという声もある。

とは言え、今日では研究大学でさえ、アルバーノ大学の相互作用的な授業の在り方に学び、持続的な学習に学ぼうとするようになっている（Carless, 2011, p397）。わが国の中央教育審議会も2012年の答申『新たな未来を築くための 大学教育の質的転換に向けて～生涯学び続け、主体的に考える力を育成する大学へ～』において、そのような学びの方向付けをしている。

そこで問題になるのが、学生たちにルーブリックを学ばせて、自分の学びに活かせるために、どのようにインターネットを利用するのかということである（Carless, 2013, p.293）。そのための手立てとして、学生は、ルーブリックより学びの過程で生まれた具体例のほうを好むという研究（Hendry, 2011, p.7）もあるが、学生の学びの過程で生まれた具体例に対して教師を交えてインターネットでフィードバックをしようとすると、学生は、強く抵抗するという報告もある（Handley et al., 2011, p.106）。

学生は、「ルーブリックだけでは、理解が難しく、活用できないのであって、具体例が必要」（Hendry, 2012, p.150）であることは間違いない。そして、インターネット上に優劣の具体例を掲載して、ルーブリックを学ばせ、活用させようとする研究も行われてきたが、教師に正誤判定を求める学生とルーブリックを自分で活用しようとする学生によって差異が生まれるという研究もある（Bell, 2013, p.775）。本章では、これらの先行研究を踏まえながら、インターネット活用によってルーブリックを習得させ、自主的な学びを展開させようとした授業実践を紹介し、その成果と課題を明らかにしたい。

1. ポートフォリオの代用としてのノートづくり

ポートフォリオは、教師のコメントや他学生のピア批評を踏まえて、学生自身が自己評価して、次の学びを見出すために有効であるが、手間暇がかかるので、なかなか普及しない。そこで、2017年度春学期の1年生向け「知へのパスポート」と2年生向け「初等教育学専修ゼミ1」では、専用ノートに教師や学生同士のフィードバックの機会を数回設けながら、中間と期末のレポートづくりをさせた。

ノートづくりの手立てとして、図9−1の中段の【該当箇所に塗った蛍光マーカーの意味】では、交通信号の色をイメージさせて、学びの評価をしたが、前年度までは、アルバーノ大学のDDPの手法に学びながら、班の学びをワークシートに書かせて、実物投影機でスクリーンに映し出して、それぞれの色の蛍光ペンで評価をし、全体で出来・不出来を共有してきた。

このノートの使い方

【アクティブ・ラーニング（AL）の授業の冒頭の頁】
AL授業における最初のページでは、次の項目を枠付けで記しなさい。

学習目標： 学習課題や発問： 達成ポイント：

【左右頁の使い分け方】
a．左の頁は、板書内容や先生が貼るように指示をした資料やプリントを貼る。空白があってもよい。
b．右の頁の左上に月日を書き、その下からあなたの学びのノートとして使う。
c．右の頁では、学んだ事柄は、絵図や吹き出しも使って分かり易いように工夫をする。
d．右の頁では、各回の授業で学んだ事柄の中で最も大切な事柄を短く１行で書き、それを枠で囲んでおく。
e．右頁と左頁の内容で関係があれば、矢印で結んだり、同じ記号を付けたりして、関連付ける。

【該当箇所に塗った蛍光マーカーの意味】
ノートの記述には、色違いの蛍光マーカーが付けられていることがあります。それは、交通信号をイメージして、次のような意味をもたせています。
緑色は、「正解」「いいね」「やんなぁ？」「めっちゃ好きやー」など
黄色は、「本当かな？」「そうとも思えるけれど」「ほんまなん？」など
桃色は、「ちゃうちゃう」「そんなんあかん」「いややー！」など
＊マーカーは、該当箇所すべてではなく文頭や文末のみに塗っていることもあります。

【フィードバックの記号の意味】
次のような記号で内容の位置づけを行っています。例えば、㋬㊬なら自分のペアが相互評価したということです。
㋬：ペアの協力を通して学んだ事柄　　㊫：小集団で学んだ事柄　　㊬：振り返った事柄

その他、授業によって特定の記号があれば、下に記してください。

【自分やパートナーのコメント】
① 自分のノートを振り返って、コメントを随時記してください。
② パートナーにコメントを書いてもらう場合には、赤のボールペンか桃色のマーカーで記してください。
③ 「これ読んで」という気持ちを表す場合には、！を付けてください。
④ 「ほんまなん」という気持ちを強く表す場合には、？を付けてください。

【先生のノート点検のコメント】
㋐先生のコメントには、＜　　　　　＞を付けて検印を押しています。
㋑先生のコメントの中で「これ読んで」という気持ちは、！で表しています。
㋒先生のコメントの中で「ほんまなん」という気持ちは、？で表しています。
点検の要点は、Ⓐ内容をしっかり捉えているか、Ⓑユーモアがあるか、Ⓒあなたの個性が出ているか、Ⓓあなた自身の言葉で書かれているか、などです。

図９−１　ノートづくりのマニュアル

今回は、これを各自のノートに纏めさせ、班学習でも所定欄に書かせて、次回の授業で班員にコピーして配布し、糊付けするように指示した。

授業内容や配付資料だけでなく自分で調べたり、学んだ事柄もあれば、記してください。

日/月	題　名	内容（変化した原因も記す）
4/18	いじめ	いじめの定義とはどういったものかから学び、どのくらいの割合でいじめが起こっているのか、どのような子がいじめの対象になるかなどグラフや資料を用いて考えた。
4/25	道徳教育	小・中学校の学習指導要領改訂の背景において、いじめ自殺やSNSにおける人間関係についての問題に触れつつ、道徳教育の実施状況や、実施する上での課題について考察した。
5/2	不登校とフリースクール	現在、不登校生徒の増加によって、フリースクールという対策がなされていることについて、フリースクールはそのような生徒にとっては安心して学べる場だが、まずは学校の環境を改善することが第一だと考えた。
5/9	授業状況	資料や表を用いて小・中学校の授業状況について学んだ。グループ活動の増加について、多くの意見を知ることは重要であるが、教科書等の問題演習をおろそかにすると、学力は低下するのではないかと思う。
5/16	教職実態	小学校教員の出勤時刻が2010～2016年で9分早く、退勤時刻は16分遅くなっていて、仕事とプライベートのバランスの満足度は10.4ポイント減少している。（憧れの職業の闇を見てしまった…）
5/23	生活スキル	保護者が、身につけておくべき生活スキルだと考えているものと子供が実行しているスキル、保護者が必要ないと考えているものと、子供が実行していないものは非常に似ており、育て方に影響していると考えられる。
5/30	子ども虐待	「ゆとり世代」の年齢の親が育児をきちんとこなすことができず、ネグレクトや暴力に発展してしまうことから、近年虐待が増加している理由のうちの1つなのではないかと考察した。
6/6～	ルーブリックと中間レポート	文章表現とクリティカルシンキングのルーブリックでレポートの正しい書き方などを学び、ホームページの練習問題で演習し、スキルを身につけ中間レポートの作成にとりかかった。
6/27～	レポート評価と最終レポート	小集団によるレポート評価の結果、自分の間違っている点がよく見えて、非常にためになったよ。先生からの適格な評価を受け、最終レポートでどのように直したらよいのかがよく理解できた。

私の学びの歩みを振り返って、まとめると・・・

初等教育の知パスをとって、聞き慣れない言葉が多く、初めの方はかなりとまどっていたが、だんだん思考力が上がってきているのが実感できて嬉しかった。ルーブリックの授業でレポートの書き方を学び、文章力も多少は身についたと思う。ずっとノートを書いて大変な授業だと思っていたが、大学生活で必要なスキルをたくさん身につけることができ、この授業をとってよかったと思う。

図9−2　学びの振り返りの一覧表

図９−１の一番下の【先生のノート指導のコメント】は、有田和正氏の小学校向けノート指導法に学び（有田, 1996, p.170）、受講生の学生は、基本的に初等教育学専修生であるので、小学生向けノート指導法の学習にもなると告げ、彼らの動機づけを高めるようにした。

そして、ポートフォリオと同様、学生には学びの一覧表を書かせて、ノートの始めの頁に貼って、目次として使わせた。図９−２は、「知へのパスポート」の学びの一覧表であって、毎回どの教育課題について何を学んだのかということが分かり、最後に「私の学びを振り返って、まとめる」ように指示した。なお、2年生対象「初等教育学専修ゼミ 1」でも同じような一覧表を書かせた。

2. インターネットによるルーブリックの自学

「知へのパスポート」の一番下の「振り返り」の欄で、図９−２の学生は、「ルーブリックの授業でレポートの書き方を学び」と記しているが、「初等教育学専修ゼミ 1」でも同じ文章表現のルーブリックを中間レポートの書き方の手がかりにし、期末レポートでバージョンアップさせようとした。

文章表現のルーブリックは、図９−３のように（a）内容の構成と（b）取り決めと出典の二つの評価規準をＡからＨまでの８つのレベルに分けた評価指標で記し、その下に【コメント】欄を設けている。

そして、文章表現のルーブリックの理解を促すために、過去に学生が各種のレポートで書いた具体例を掲載して、それがルーブリックのどのレベルかを尋ねる問題と解答をインターネット上で自学できるようなホームページ（以下「HP」と略す）を設けているが、今回の授業でも、このシステムを利用した。

例えば、図９−４は、（a）の題名や章節について間違った具体例であって、【A3】の問題は、極端に文字のポイントが大きすぎたり、行数を空けているという解答を求めており、【A4】の問題は、レポートの題名に括弧を付

H29 春：初等教育学専修ゼミ 1
あなたのレポートの良い点と改善点（教師評価・相互評価）　学籍番号＿＿＿＿＿＿＿　氏名＿＿＿＿＿＿＿

文章表現	A	B	C	D	E	F	G	H
内容の構成	1.「内容の構成」及び「取り決めと出典」のBを満たした上で、読み手にとって、思わず引き込まれそうで、「ハッとする」「面白い」「なるほど」と思う。	2. 文章は、読み手の立場から見て明瞭であり、説得力がある。 3. 長短の文章を段落で巧みに使い、"注目すべき"言葉や文章を示しており、印象深い。	6. 文章は、読み手の立場から見て明瞭である。 7. 長短の文章を段落で巧みに使い、"興味深い"言葉と文章を用いている。	10. 読み手を見据えながら文章を綴っており、展開が分かりやすい。 11. 長い文章と短い文章を段落で使いながら、"興味深い"言葉を用いている。	15. 言葉や文章から読み手を意識していることが伺える。 16. 長い文章と短い文章を使い、段落の始め方も同じでない。	20. 所々何を言っているか分かりにくい言葉や文章がある。 21. 同じような文章や言葉使いが所々出てくる。	25. どちらかと言えば、自分の思いを描いているだけである。 26. 同じような文章や言葉使いが繰り返しあり、平凡である。	30. 自分の思いを勝手に描いているだけである。 31. 同じ文章や言葉使いが何度も出て来て、退屈である。
取り決めと出典		4. 誤字脱字がまったくなく、内容にそって段落が設定されていて、とても読みやすい。 5. 適切な引用をしており、引用文献の書式が正確に示されている。	8. 誤字脱字がまったくなく、内容にそって段落が設定されていて、読みやすい。 9. 適切な引用をしており、引用文献の書式がほとんど正確に示されている。	12. 誤字脱字がまったくない。 13. 適切な引用をしている、又は、ほぼ正確に出典をしめしている。 14. 内容にそって段落が設定されていて、読みやすい。	17. 誤字脱字がある。 18. 同じような引用が多い、又は、引用が2カ所を除いて正確に示されている。 19. 段落が幾つかあるので、圧迫感がない。	22. 誤字脱字が複数ある。 23. 不必要なスペースを取った引用がある又は引用があまり正確ではない。 24. 段落がわずかにあるので、何とか読みやすい。	27. 誤字脱字が多数ある。 28. 引用がない、又は、出典が示されていない。 29. 段落がまったくない。	32. 誤字脱字が多数ある。 33. 引用がなく、出典もまったく示されていない。 34. 段落がまったくない。

【コメント】

図9−3　文章表現のルーブリック

けなくてもよいということが解答である。このように (a) 内容の構成と (b) 取り決めと出典に関する問題を約 30 問、インターネットに掲載している。

しかし、これら二つの授業科目では、表9−1に示すように、次の4つの点で大きな違いがある。

第一に、ルーブリックの指導時期について、「知へのパスポート」では、中間レポート提出2週間前の6月6日（表9−1では6/6と記す）の授業で 30 分間（インターネットに掲載した問題と解答の使い方など）の指導をしたが、「初等教育学専修ゼミ 1」では、中間レポート前には何もしないで、期末レポート提出の6週間前に 60 分間（使い方だけでなく一部の問題と解答も）取り組ませた。

第二に、インターネット上の文章表現のルーブリックに関する指導を行うだけでなく、小テストを実施して、「知へのパスポート」では 70 点以上、

【A3】次の学習物は、何が問題で、いかに解決すればよいのでしょうか？

いじめについて考える

氏　名

はじめに

これまで様々な教育問題について考えてきたが、私は、特にいじめ

問題に興味を抱いた。今回のレポートでは、・・・・・

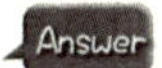

【A4】次の学習物は、何が問題で、いかに解決すればよいのでしょうか？
「21 世紀型能力育成のための子供中心の教育実践について」

初めに、小学校における良い教育実践を考えるにあたって、「良い教育」とはどのようなものかを明確にしなければならないと思う。まず、私は、教育とは、子供が社会で生き抜いていく力を養うことだと考えている。そのため、現代の「良い教育」とは 21 世紀の社会で生き抜く力を養うことだと考えている。したがって、21 世紀を生き抜く力を育むことのできる教育実践を良い教育実践として捉えた。

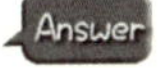

図９−４　文章表現のルーブリックに関する自学用ホームページ

「初等教育学専修ゼミ 1」では 80 点以上をクリアするまで、小テストを受けるように指示し、ルーブリックに対する理解度を揃えようとした。インターネットでは、文章表現ルーブリックのうち（b）取り決めと出典の評価規準に関する問題が全問中５分の４であり、特にこの規準で向上が見られることを期待した。なお、「初等教育学専修ゼミ 1」では、文章表現のルーブリックだけでなくクリティカルシンキングのルーブリックも使用した。

第三に、インターネットを使ったルーブリック指導時からレポート提出までの経過日数が異なっていた。「知へのパスポート」では、６月６日にルー

表9−1　ルーブリック指導と小テストとレポートとの関連

	知へのパスポート (1回生32名受講)	初等教育学専修ゼミ1 (2回生25名受講)
ルーブリックの指導	6/6の授業中の30分間（ネットの使い方の指導が中心）	5/23の授業中の60分間（ネットの使い方の指導と残り30分は問題に取り組ませた後、解答）
小テスト（20問）	6/13の授業で行い、6/20に返却。70点以下の11名は、6/27に再実施して、全員合格	5/30の授業で行い、6/6に返却。80点以下の13名は、6/13に再実施して、全員合格
中間レポート（A4判2枚）	6/13に構想し、6/20に相談会。6/20から6/22までに提出し、6/27に返却、ピア評価	5/9から5/12までに提出し、5/16に返却。 6/13は優れた中間レポート2編を提示
期末レポート（A4判2枚）	7/4は、中間レポートの教師評価（4つの優れたレポートを教室に掲示）と期末レポートの相談会。7/11から7/13までに提出	6/20にルーブリックを考慮したレポートの書き方の検討、6/27に班内で発表会、7/4は新しい能力を学び、7/4から7/6までに提出
期末レポート発表会	7/11　全体発表会（学校関連の教育課題） 7/18　全体発表会（家庭や地域の教育課題）	7/11　類似テーマ同士で全体発表の相談会 7/18　全体発表会
備考	32名中半数程度が初等教育学専修の学生で、残りは、2年次に同専修への希望学生	受講生25名のうち10名は、前年度に私の「知へのパスポート」を履修済み

ブリック指導を行い、2週間後の6月22日（表9−1では6/22と記す）であったが、「初等教育学専修ゼミ1」では、中間レポート返却後の5月23日にルーブリック指導を行い、1週間後の5月30日に小テストを行った後、さらに5週間後の7月4日から期末レポートの提出期間とした。要するに、授業中でのルーブリック指導から小テストまでの期間が「知へのパスポート」は直前型、「初等教育学専修ゼミ1」では長期型としたということである。

第四に、ルーブリックの教師評価と受講生同士のピア評価は、「知へのパスポート」では、中間レポートを返却した授業時に各自のレポートを班で回し読みしてピア評価を行い、翌週に教師評価を示した。つまり、受講生同士の相互評価の後、教師評価を示して、自分たちの評価とのズレに気づかせ、甘くなりがちな評価を引き締めようとした。他方、「初等教育学専修ゼミ1」では、中間レポートを返却して1カ月は、異なる学校実践の内容知識を深めるための授業を行った。それから6月13日に中間レポートの教師評価を示し、同時に優れたレポート２編を印刷・配布して、その理由を説明した。このように中間レポートの返却から再検討までの間隔が長いのである。

なお、「初等教育学専修ゼミ 1」の受講者には、2016 年度に私が担当した「知へのパスポート」を履修した者が 10 名おり、彼らは、文章表現のルーブリックをすでにインターネットを使って学んでいる。ただし、小テストで全員が一定の基準点を取っているかどうかという確認はしていない。

3. 結果と考察

「知へのパスポート」の授業では、中間レポートと期末レポートとも文章表現のルーブリックをインターネットに公開し、受講生の自主学習を促しており、両レポートの成績を比較することができる。その結果、表９−２の総計に示すように、中間レポートの 20.66 から、期末レポートでは 23.10 までアップした。

得点算出については、文章表現のルーブリックの評価規準の（a）内容の構成をさらに上下二つの指標に、（b）取り決めと出典は上中下３つの指標に分けて、それぞれの A レベルを８点とし、順次１点ずつ減じて、H レベルを１点として、採点し、平均値を出した。なお、表９−２の各欄の下の括弧内は標準偏差である。数値は、小数第３位四捨五入としており、以下も同じである。

表９−２　中間レポートと期末レポートの成績の比較

知へのパスポートの成績	内容の構成			取り決めと出典				総計
	上	下	計	上	中	下	計	
中間レポート	3.90 (0.96)	3.70 (0.73)	7.63 (1.50)	4.90 (0.39)	4.09 (1.25)	4.03 (1.00)	13.03 (2.13)	20.66 (3.35)
期末レポート	4.75 (0.88)	4.31 (0.86)	9.06 (1.54)	4.94 (0.25)	4.53 (0.95)	4.60 (0.76)	14.10 (1.61)	23.10 (2.89)

次に、中間と期末の両レポートの評価規準ごとの変化を見ると、内容の構

成は、1.43 であったが、取り決めと出典は、1.07 に留まっており、期末レポートまでに内容の構成のほうの伸びが大きかったということが分かる。

そして、それぞれの評価規準の指標の変化を見ると、内容の構成の上段、つまり、「読み手を見据える」という指標が 0.85 と一番上がっている。しかし、取り決めと出典の上段、つまり、「誤字脱字の有無」が 0.04 とほとんど変化が見られなかった。今の学生は、スマートフォンは駆使できるが、パソコンは慣れていないので、パソコン初心者の 1 年生は、文書記述の際に誤字脱字をしてしまうこともある。このような間違いならば、インターネットによる自主学習に委ねても、比較的短期間に訂正できるということである。

ところで、「初等教育学専修ゼミ 1」の受講生のうち 10 名は、2016 年度に私の「知へのパスポート」を受講しており、インターネットによる文章表現のルーブリックを学習済みである。

彼らと今回初めて文章表現ブーブリックによるレポートづくりをした 14 名の受講生を比較した結果、わずからながら前年度の教育効果が残っていることが明らかになった。表 9－3 に示すように、「知へのパスポート」履修済みの学生のほうが総計 1.57 ポイント高くなっており、その差に大きく関わっているのが、(b) 取り決めと出典の規準の中の下段、つまり、「段落」や「読みやすさ」などである。他方、(b) の誤字脱字では、「知へのパスポート」の未履修者のほうが履修者より 0.3 ポイント上回っていた。

表 9－3　初等教育学専修ゼミ 1 の知パス履修者と未履修者との比較

中間レポートの成績比較	内容の構成			取り決めと出典				総計
	上	下	計	上	中	下	計	
履修者（10 名）	3.50 (0.93)	3.60 (0.35)	7.10 (2.33)	4.20 (1.41)	2.90 (1.41)	3.90 (0.74)	11.00 (3.02)	18.10 (4.95)
未履修履修者（14 名）	3.42 (0.85)	3.36 (1.09)	6.79 (1.20)	4.50 (1.20)	2.14 (1.20)	3.00 (0.99)	9.79 (1.42)	16.57 (2.74)

さて、「知へのパスポート」と「初等教育学専修ゼミ 1」の最終回の授業で無記名で全 21 の質問からなる授業評価アンケートを実施した。評価は、1「本当にそう思う」から 5「全然そう思わない」の 5 件法を使って、質問 20

は反転項目とした。表９−４は、顕著な違いがある質問とその結果（括弧内は、標準偏差）を集計したものである。標準偏差は、0.44 から 1.22 の範囲であり、大きな散らばりはなかった。以下において、「知へのパスポート」の受講生は１年生、「初等教育学専修ゼミ 1」の授業生は２年生として考察を加えたい。

第一に、１年生のほうが授業時間中だけでなく時間外で HP のルーブリックに積極的に取り組んだということである。質問 10「授業で HP の問題に取り組み、説明を受けたので、ルーブリックを理解できた」については、１年生 2.17、２年生 2.53 であり、１年生のほうが２年生より肯定的に捉えていた。しかも、授業でルーブリック説明に充てた時間は、すでに述べたように、２年生の 60 分に比べて、１年生は、わずか 30 分しか費やしていなかった。文章表現のルーブリックの HP による自学に要した平均時間は、１年生が取り決めと出典に 46.25 分、内容の構成に 38.22 分であり、他方、２年生は取り決めと出典に 33.83 分、内容の構成に 36.88 分であった。HP を使ったルーブリックの自学に費やした時間に関しても、１年生のほうが２年生より 13.76 分多いということである。このような違いが生まれたのは、１年生は、高校までレポートづくりの経験をほとんどしてこなかったので、他の履修科目に先駆けて、中間レポートづくりをする状況に追い込まれて、インターネットによる自主学習に熱心に取り組んだからではないだろうか。

表９−４　事後アンケート調査で際立った違いの出た質問

	知へのパスポート			初等教育学専修ゼミ 1		
	全受講生	質重視派	正解派	全受講生	質重視派	正解派
質問 1	2.17（1.04）	1.29（0.49）	2.78（0.97）	2.26（0.54）	2.33（0.71）	2.27（0.47）
質問 5	1.90（0.77）	1.57（0.53）	2.44（0.73）	1.87（0.81）	1.89（0.93）	1.82（0.87）
質問 7	1.93（1.00）	1.86（0.90）	1.78（0.67）	2.48（0.95）	2.89（1.05）	2.09（0.70）
質問 8	1.90（0.86）	1.86（0.90）	1.56（0.53）	3.13（1.06）	3.22（0.97）	3.36（1.12）
質問 9	2.17（1.00）	1.86（0.69）	2.11（1.27）	3.13（1.06）	3.22（0.97）	3.36（1.12）
質問 10	2.17（1.00）	1.86（1.22）	2.67（1.12）	2.53（0.93）	2.67（1.00）	2.18（0.98）
質問 18	2.76（0.86）	2.43（0.79）	3.11（0.93）	2.72（0.95）	2.22（0.44）	3.40（0.93）
質問 20	3.21（0.98）	3.71（1.11）	2.33（0.71）	3.13（1.01）	3.22（0.97）	3.27（0.90）

第二に、HP に掲載した問題数についても、1年生のほうが2年生よりもっと多いほうが良いと答えていた。質問8「HP に掲載されたルーブリックの『取り決め・出典』の具体例は、もっと多い方が学びの助けになる」について、1年生 1.90、2年生 3.13 であり、1年生のほうが具体例をもっと増やして欲しいと思っている。質問9「「HP に掲載されたルーブリックの『内容の構成』の具体例は、もっと多い方が学びの助けになる」についても、1年生 2.17、2年生 3.13 であり、こちらも1年生のほうが上回っている。2年生は、この1年間に大学で様々な授業科目を履修する中で、レポートづくりも多少慣れてきたので、このような結果になったのではないかと思われる。

第三に、正解・不正解を明確にして欲しい1年生は、ルーブリックを使って質的な評価をしたいという1年生と比べて、レポートづくりに消極的であるということである。表9−4では、前者を「質重視派」、後者を「正解派」として表した。これは、質問 21「正解・不正解がはっきりしていて、成績を得点で表す授業が好きである」について、「本当にそう思う」と「そう思う」を正解派、「そう思わない」と「全然そう思わない」を質重視型として分類した。

「質問1「ルーブリックを読めば、何が押さえ所かということが分かる」について、1年生の質重視派は 1.29、正解派は 2.78 であり、質問5「ルーブリックのコメント欄を参考にして、次のレポートを準備するのにも役立つ」では、1年生の質重視派は 1.57、正解派は 2.44 である。反転項目の質問 20「小集団学習をしても、具体例に対する理解は深まらなかった」は、1年生の質重視派が 3.71、正解派が 2.33 であって、両者の差が 1.38 もある。

第四に、2年生は、上の第3点目で取り上げた質問項目について、質重視派と正解派の間で大きな差は見られないが、質重視派のほうがレポートづくりでルーブリックを思い浮かべることが多いということである。質問 18「自分の考えを述べたり、小集団での考えを発表したりする際に、ルーブリックを念頭に置いて、問題点の解消に努めた」について、2年生の質重視派は 2.22、正解派は 3.40 であり、両者の差は 1.18 である。

なお、小テストについては、1年生は70点以上、2年生は80点以上を合格ラインと定め、1回目で合格した者と2回目で合格した者についてもレポートの成績やアンケートの調査結果を比べたが、あまり大きな差は見出せなかった。また、アンケート結果を手掛かりに抽出した質重視派と正解派について、小テストやレポートの成績も関連付けたかったが、アンケートを無記名としたので、そのような検討もできなかった。

4. 成果と課題

このようにインターネットを使って文章表現のルーブリックを自主的に学ばせた結果、中間レポートより期末レポートの成績がアップし、しかも、前年度にルーブリックを学んだ学生のほうが、初めて学ぶ学生より成績がわずかながら高いことが明らかになった。

本章の冒頭において、学生は、ルーブリックより具体例のほうを好むという欧米の先行研究を紹介したが、今回の研究では、必ずしもそのような顕著なアンケート調査の結果を見出せなかった。とは言え、1年生のほうが2年生より、インターネットを使ったルーブリックの自主学習に積極的であった。特に「取り決め・出典」の評価規準については、中間レポートと期末レポートの成績がほとんど変わらなかったように、比較的短時間でインターネットによる自学によって習得できることが明らかになった。このようなインターネットの使い方が有効であり、内容の構成やクリティカルシンキングなどは、インターネットによる自学よりむしろ授業中に教師と学生や学生同士の相互作用の中で育まれていくように思う。

そして、現在およそ30ある具体例より、もっと具体例をネットに掲載して欲しいということも明らかになった。では、どれだけの具体例をインターネットに掲載すればよいのかということは、これから授業実践を積み重ねながら、無理・無駄のない範囲で最適な数を突き止める必要があろう。

先行研究では、質重視派の学生のほうが正解派の学生よりレポートづくりでルーブリックを活用すると結論付けていたが、本研究では、2年生になると質重視派と正解派の間の差異は縮小することが明らかになった。また、表9−4の全受講生の質問の平均に着目すると、2年生は、1年生よりもルーブリックに関する平均が低い傾向がある。1年生から2年生までの間にルーブリックを使った授業をあまり受けてこなかったからかもしれない。最近では、ディスカッションやプレゼンテーションなどを導入した授業も増えつつあるが、ルーブリックを成績評価だけでなく学習促進機能として十分に活用できていないのかもしれない。これらの数値の低下が何に起因するのかということを解明するとともに、2年生やさらに上級学年の学生について、同じような傾向が生まれるのかどうかも含めて、今後の研究課題としたい。

引用文献

有田和正(1996)『新ノート指導の技術』明治図書。

Bell, A. etal.(2013) Students' Perceptions of the Usefulness of Making Guides, Grade Descriptors and Annotated Exemplars, *Assessment and Evaluation in Higher Education*, 38(7).

Carless, D.(2011) Developing Sustainable Feedback Practice, *Studies in Higher Education*, 36(4).

中央教育審議会 (2012)『新たな未来を築くための 大学教育の質的転換に向けて〜生涯学び続け、主体的に考える力を育成する大学へ〜』文部科学省。

Handley, K. et al.(2011) From Copying to Learning : Using Exemplars to English Students with Assessment Criteria and Feedback, *Assessment and Evaluation in Higher Education*, 36(1).

Hendry, G.D.(2011) Constructive Guidance and Feedback for Learning, *Assessment and Evaluation in Higher Education*, 36(1).

Hendry, G.D.(2011) Implementing Standard-Based Assessment Effectively, *Assessment and Evaluation in Higher Education*, 37(2).

Uang, M.and Carless, D.(2013) The Feedback Triangle and the Enhancement of Dialogic Feedback Process, *Teaching in Higher Education*, 18(3).

おわりに

最近、「主体的学習」という言葉をよく耳にするようになった。私が、大学院生であった1970年代の頃、「主体的」という言葉は、小学校や中学校の先生が好んで使うが、ムードに酔って、子ども中心に捉えるだけで、内実もはっきりしないので、教育学では使ってはいけないと言われていたことを思い出す。教育とは恐ろしいもので、そのような教えを受けると、今でも「主体的」という言葉に接すると、その内実は何かと考える習性が身に付いている。

本書で紹介した学習中心評価モデルや対話的フィードバックの考え方や私の授業実践は、主体的な学びに基づいていると思う。というのは、学生自身がルーブリックを我がものとして身に付けているからである。学生たちが評価の知見を使って、互いの学びを展開しようとしているからである。とは言え、正解派の学生も多数いて、なかなか“失敗に学ぶ”学級風土を醸成するには、一人の大学教師の力では限度がある。

アルバーノ大学のように、大学内における教員研修体制が整えられ、しかも、それぞれの学問の壁を越えて、能力に基づくカリキュラムを開発しなければならないのではないだろうか。しかし、ディーツ教授やケーレス教授と話していても、洋の東西を問わず、大学執行部の力強いリーダーシップだけでなく、一人ひとりの教員の息の長い改革努力を続けること以外にできることはないように思う。

その端緒は、特に教員養成カリキュラム改革から切り拓かれるのではないだろうか。私は、最初は、社会科教育学の専門家として、その後、教育方法学に専門を変え、教職大学院にも勤務してきた経験から言えば、高邁な理論を唱えるよりむしろ自らの授業実践をまな板にのせ、そこでの出来・不出来を論文などで“見える化”しながら、出来て有効と分かった方法を他者に伝え、自らは不出来な事柄をより出来るようにしたいと願って、授業実践を続けてきた。

しかし、本書では、高校生における文章表現のルーブリック又はそれを簡略化した達成ポイントをわが物として、報告書や班新聞などに取り組み、そこでの学びの出来・不出来を通じて、第1年生との異同も明らかにしたかったが、果たせなかった。今後の課題としたい。

なお、本書の第9章以外は、次のような機会に纏めた単著論文を用語上の統一を図り、重複を避けるために修正加筆をした。

「アルバーノ大学の一般教育のカリキュラムの改革」『奈良教育大学紀要（人文・社会）』第55巻第1号、2006年。

「アルバーノ大学の教員養成カリキュラム改革」『教育実践総合センター研究紀要』教育実践総合センター研究紀要（16）、奈良教育大学教育学部附属教育実践総合センター、2007年。

「ルーブリックの学習促進機能」『関西大学　文学論集』第64巻第3号、2014年。

「持続可能な評価の方法論」『関西大学高等教育研究』第7号、関西大学教育開発支援センター紀要、2016年。

「持続可能なフィードバックの方法」『関西大学　文学論集』第65巻第3・4合併号、2014年。

「ルーブリックを活用した初年次のレポート指導」『教職支援センター年報2015』関西大学教育推進部教職支援センター、2016年。

「ルーブリックによる文章表現の評価学習法」『教職支援センター年報2014』関西大学教育推進部教職支援センター、2015年。

「掲示板を活用した学生による評価と学びの連動」『関西大学高等教育研究』第7号、関西大学教育開発支援センター紀要、2016年。

最後に、本書は、関西大学の2017年度「研究成果出版補助金」を受けて出版するものである。本書の補助金を申請する際に、推薦人として、本学文学部教授で、大学教育開発センター長である田中俊也先生と福井県立坂井高等学校竹吉睦校長先生にお力添えをいただいた。心より感謝申しあげる次第である。

[著者紹介]

安藤　輝次（あんどう　てるつぐ）

1950年、大阪府生まれ。福井大学教授（同大学附属中学校併任を含む）、奈良教育大学（教職大学院）教授を経て、現在は、関西大学文学部教授。著書に『同心円的拡大論の成立と批判的展開』（風間書房、1993年）、『ポートフォリオで総合的な学習を創る』（図書文化社、2001年）、『絶対評価と連動する発展的な学習』（黎明書房、2004年）、共著に『総合学習のためのポートフォリオ評価』（黎明書房、1999年）、編著に『評価規準と評価基準表を活用した授業実績の方法』（黎明書房、2002年）、『学校ケースメソッドで参加・体験型の教員研修』（図書文化社、2009年）、訳書 クラーク, S.『アクティブラーニングのための学習評価法』（関西大学出版部、2016年）などがある。

持続的な学びのための
大学授業の理論と実践

2018年2月28日　発行

著　者　安　藤　輝　次

発行所　関　西　大　学　出　版　部
〒564-8680 大阪府吹田市山手町3-3-35
TEL 06-6368-1121／FAX 06-6389-5162

印刷所　石川特殊特急製本株式会社
〒540-0014 大阪府大阪市中央区龍造寺町7-38

ISBN 978-4-87354-667-4 C3037